歡迎加入

一人日劇社

那些走進你我人生的 33 句扎心台詞

Miho 著

日劇社員大會

張維中

我們是怎麼樣喜歡上日本的呢？踏上旅途以前，尚未移居來留學或工作的時候，對於異鄉的認識和憧憬，應該很多人都是透過日劇和日本電影，拼湊未來的預想圖吧？我是這樣，Miho也是。我們在這些戲劇作品裡出現的情節，推敲日本社會的人際關係，也在主角們走過的拍攝場景，排定日後要去朝聖的旅行計劃。

在我認識居住在日本的台灣友人當中，我想不到任何一個人，能比Miho更適合來寫出《歡迎加入一人日劇社》這樣的一本書。原本就是念電影相關科系的Miho，不僅對日本影視作品著迷，科班的訓練也讓她擁有解析戲劇的專業，這些她挑選出來的日劇，基本上就是一份愛追劇的人必看清單。更重要的是，Miho還是一位長居在東京的作家。因為她深入了解日本社會、職場、朋友或陌生人的互動還有婚姻關係，所以她得以用不同於旅人的角度，從日劇的故事情節中，對照真實的生活狀態，讓日劇不只是虛構的戲劇。

然而，一旦褪下旅客的角色，成為在職場中必須跟日本人一起競爭的居民時，現實就是一齣高潮迭起的大河劇，已不是只有十集就能結束的偶像劇了。

於是，這本書不單單只是Miho對日劇的觀後感或評論，也是她回顧生活經驗和思索自我價值的分享。每一篇開頭挑出日劇的經典台詞，接著娓娓道來故事大綱和上映時的社會背景，後半段則是Miho從經典台詞中延伸出自己遭遇的經歷，反思住在日本的這些年來，面臨到的人生課題。而對於喜歡日本文化的讀者來說，每篇文章結尾附上的「日本文化盒」能更加認識日本社會的細節。

Miho是一人日劇社的社長，不過喜歡日劇的你，其實都算是她的社員。每一個人在閱讀這本書的時候，想必會引發自己的感想。縱使看戲和看書皆是一個人的事，在她的書裡，你我彷彿熱熱鬧鬧的，召開了一場日劇社員大會。

跟著日劇社社長Miho一起熱血看日劇吧！

明太子

因為好多年前就因緣際會認識Miho，所以知道她畢業於電影相關科系，後來在她的臉書專頁「日本、不只是留學」也時常看到她與讀者們分享關於日本電影、日劇的心得。從她的持續分享中，總是可以從螢幕的另一端感受到她對於電影和日劇的熱情。

在日本生活的十多年來，一路看著Miho寫書出書，讀著她筆下的日本的各種有趣發現、文化觀察、景點介紹，而終於在她的第六本書《歡迎加入一人日劇社：那些走進你我人生的33句扎心台詞》等到她的推薦日劇集結。

「關於日劇，Miho會用怎麼用專屬於自己的獨特切入點來介紹和分享呢？關於章節，會是怎麼樣編排呢？而她是如何挑選出每齣劇中最扎心的那句台詞的呢？」在收到完整書稿之前，我忍不住這樣期待著。

我自己非常喜歡看電影和日劇評論，因為雖然是同一齣劇，卻會因為觀眾不同的人生經歷而產生截然不同的感想。我總覺得在這些評論中，除了故事外，還會看到觀者的人生縮影及性格。

而在《歡迎加入一人日劇社：那些走進你我人生的33句扎心台詞》一書中，Miho為每齣日劇挑選出讓她最感動的台詞，我很喜歡這個直擊心臟的編排，很有力道。而每個章節中，除了有日劇的劇情簡介之外，更帶入了Miho自己的獨一無二的人生經歷，敘述著這些故事如何在她自己的人生歷程中發酵，或為自己帶來什麼影響與反思。每個章節最後的「日本文化盒」也很有意思，有從每齣日劇抽絲剝繭整理出的日本豆知識以及文化背景介紹。

這樣的編排很熱血、很有力道、卻又非常理性有系統，很Miho！

另外書裡也有帶到一些日劇的拍攝景點，若大家帶著這本書到日本來踩點時，一定會覺得充滿樂趣。而究竟Miho挑選了那些日劇，又是哪33句台詞讓她感到扎心了呢？就請大家現在就翻開這本書，參加Miho精心為大家安排的「一人日劇社」吧！

歡迎加入一人日劇社

Miho

很多人可能不知道，其實我大學時就讀電影相關科系。當時最感到興趣的就是日本影視作品，還記得第一次在電影院見到岩井俊二導演本人來台參加映後座談時內心有多澎湃激動，而這也成了我日後想學習日語的契機。

剛獨自來到東京留學時，家裡的矮桌上總有一疊寫不完的功課與參考書，還有煮的不能稱得上是好吃的簡樸料理。唯一撫慰心靈，能讓我哈哈大笑與熱淚盈眶的正是那些經典日劇。而且因為當時沒有足夠的預算購買附有錄影功能的電視，所以準時守在電視前收看同步播放的日劇便成了我的生活樂趣之一。我永遠不會忘記頭一次在沒有中文字幕輔助下，聽得懂木村拓哉在講的熱血沸騰台詞時，我的內心有多感動！

時光飛逝，當年的留學生已成了在日本職場闖蕩近十年的上班族與累積出版六本書的作者。始終不變的是，日劇與日本電影依然觸動著我。每晚用餐時追的影視作品就像是一道道增添豐富度的菜色，時而酸甜、時而溫潤，偶爾感到乏味時就挑部灑了些香辛料或放多了點鹽巴的劇集。而那些令人印象深刻的台詞就宛如能做出美味菜色的食譜般重要的存在。或許我們無法在日常中重現料理的精髓，但總能從食譜中找到一些提升美味的關鍵。

這本書紀錄了三十三句我很喜歡的台詞，除了介紹劇情以外，也有分享觀賞當下我對於生活的各種感觸與遇到的大小事。希望大家能在閱讀過程中無論是想起某個人，或是湧起一股動力，都能跟著一起回味日劇的美好。

謝謝在家鄉默默支持我的家人，只要我一回台總是想盡辦法把手邊工作、可愛的孩子與另一半都先拋到一邊的老朋友，相互吐完苦水再繼續努力生活的東京友人，還有願意花時間閱讀文字的每一位讀者。

最後，感謝維中哥以及出版社團隊，讓這本書有了誕生的機會。

PART 1 人生

PART 2 親情

PART 3 青春

PART 4 戀愛

PART 5 職場

PART 6 意志

離婚萬歲

四位主角的生活圈就在中目黑站附近的目黑川沿岸。圖為分別在春夏冬三個不同季節所拍攝。

1 春
2 夏
3 冬

東京女子圖鑑

1 女主角於第一集中身穿粉嫩裝扮，提著行李箱來到的東京車站。

2 第五集女主角到銀座準備參加面試前稍微在街頭遊逛的景色。
確定拿到工作後，銀座也成了她的下一個生活圈。

重版出來！

新人漫畫編輯黑澤心（黑木華 飾）與漫畫銷售部門的小泉純（坂口健太郎 飾）奉上司命令，一家家詢問書店是否能放漫畫的試閱本增加購買慾望。劇中因黑澤心餓壞而兩人選擇填飽肚子的店家就是位在人形町附近，每到假日必定大排長龍的讚岐烏龍麵店（我的愛店之一）。

谷や
東京都中央區日本橋人形町2-15-17 1樓

1 銀座的街頭
2 東京車站外觀
3、4 谷や讚岐烏龍麵店

1	2
3	4

1 2
3 4

1 雜司之谷鬼子母神堂　2 赤丸ベーカリー
3 ANEA CAFE　4 ANEA CAFE期間限定的「Silent」拉花的熱拿鐵

你只想住在吉祥寺嗎？

1 重田姐妹在劇中最先向插畫家介紹的「鬼子母神堂」，不少信奉者會來此求安產與小孩平安長大。一年之中境內會有舉辦各種大大小小的祭典。參道兩側會聚集美食與遊戲攤位，熱鬧氣氛有別於平常的寂靜。

雜司之谷鬼子母神堂
東京都豐島區雜司谷3-15-20

2 在第一集的結尾，重田姐妹在這間創業百年的「赤丸麵包店」買了奶油麵包分給插畫家吃。

赤丸ベーカリー
東京都豐島區雜司之谷1-7-1

說不出口的愛

ANEA CAFE：紬與想總是坐在窗邊的位子聊天。想在這裡教了紬「布丁」的手語怎麼比。店家也期間限定推出了繪有「Silent」拉花的熱拿鐵。

ANEA CAFE
東京都目黑區駒場1-16-7エマーレ駒場1F

| 5 | 6 |
| 7 | 8 |

5 Tower Records澀谷店
6 陳列販售SPITZ樂團成軍以來發行過的專輯
7 主角們實際穿過的工作圍裙

淘兒唱片（Tower Records）澀谷店：女主角在劇中打工的店。全劇播出後，店家特別在三樓展示了主角們實際穿過的工作圍裙，以及陳列販售SPITZ樂團成軍以來發行過的專輯。

Tower Records澀谷店
東京都澀谷區神南1-22-14

8 世田谷代田站（小田急線）：紬與想重逢之地，也是劇中主角們經常約見面的地方。

世田谷代田站（小田急線）
東京都世田谷區代田2-31

First Love初戀

大通バスセンター
北海道札幌市中央區北1条東1丁目
札幌市民交流プラザ
北海道札幌市中央區1条西1丁目

月薪嬌妻

橫濱港大棧橋國際旅客碼頭
神奈川縣橫濱市中區海岸通1-1-4

| 1 | 2 |
| 3 | 4 |

1 拿坡里義大麵
2 旺太郎向野口也英鼓勵打氣的巴士轉運站（大通バスセンター）
3 劇中佐藤健工作的大樓（札幌市民交流プラザ）
4 橫濱港大棧橋國際旅客碼頭，實栗幻想著與平匡的婚禮舉辦地

1、2、3
茶亭羽當

為愛妝扮有理

葉山社長（向井理 飾）獨處時常去的老舖喫茶店「茶亭羽當」就隱身在澀谷。儘管澀谷站附近日新月異不斷在開發，但這家店仍屹立了三十年以上，就連藍瓶咖啡店的創辦人都曾在書中提及自己有多喜愛「茶亭羽當」。

走進店內便能看到吧台後方琳琅滿目的咖啡杯，咖啡師會隨著靈感來選擇杯款沖煮飲品，因此每一次造訪都令人相當期待咖啡端上桌的那刻。

茶亭羽當
東京都澀谷區澀谷1-15-19 二葉ビル 2F

1 2
3

1 「5tap」酒吧的外觀
2 恆星的會計事務所
3 鬼子母神參道

非獸性男女

劇中最常出現的場景幾乎都在雜司之谷站附近通往鬼子母神堂的神道周圍拍攝，包括「5tap」酒吧的外觀和恆星的會計事務所。（請注意兩棟皆為私人土地，無法入內參觀）

鬼子母神大門 欅樹並木
東京都豊島區雜司が谷3-16-19

1 在忍城跡前跑步的我
2 咖啡店「Cyōdo」
3 第一任前夫經營的一樓餐廳「オペレッタ」外觀

陸王

在劇中也有出現的埼玉縣行田市的忍城跡。行田市是日本數一數二的足袋生產地，其製作足袋的產業歷史長達三百年以上。

忍城跡
埼玉縣行田市本丸17

大豆田永久子與三個前夫

作為當時拍攝場景的咖啡店「Cyōdo」與第一任前夫經營的一樓餐廳外觀已於2021年12月結束營業並遷址。

1

據說人生有三個坡道，分別是上坡道、下坡道、沒想到。

人生には、三つ坂があるんですって。上り坂、下り坂、まさか。

《四重奏》
（カルテット）

「三十世代。無論戀愛還是人生，都無法盡如人意……」是這部日劇的標語。其實當初在播出時，我仍處在青春盪漾、倚靠熱血與好奇拼命在東京築夢的二十世代。所以儘管當時身邊許多交情要好的「人生前輩」強力推薦《四重奏》時，我可以說是完全不為所動。直到二〇二三年本片在線上串流平台上架後，正處於對人生時而猶豫，時而不安的三十世代的我，終於按下播放鍵。誰知道後勁如此強烈，就這樣一集一集看下去……

故事圍繞在四位主角卷真紀（松隆子 飾）、世吹雀（滿島光 飾）、別府司（松田龍平 飾）、家森諭高（高橋一生 飾）在看似命運安排下於卡拉OK偶然相遇後，一起住進輕井澤的別墅，組成冬季限定弦樂四重奏「Doughnuts Hole」。四個人都各自懷有不想輕易透露的秘密，也無法與人生勝利組沾上邊。在專業音樂家的眼裡，只是三流，甚至是堅持最後一絲理想的四流人士。但隨著朝夕相處而逐漸了解彼此的不完美，學習接納與互補後，反倒成了最無可取代，卻又能同時保有自我的不可思議組合。

從第一集開始，編劇坂元裕二的「坂元式台詞」就在劇中的「餐桌上」發揮若在下一次品嚐同樣料理時，絕對會令人忍不住想起劇情的功力。正當四人第一次一起用餐，準備開動吃炸雞塊前，小雀與別府在沒有詢問其他人之下直接在炸雞塊上淋檸檬汁。此舉引起對任何調味料都意外有一套堅持的家森不滿，認為既然有喜歡檸檬汁吃法的人存在，也一定有喜歡什麼都不加的原味派存在。應該要以「這裡有檸檬耶！」作為暗示與觀察對方是哪一派再來決定，或是拿小碟子分裝後再自行擠檸檬才是不失禮的作法。

而在第一集的後半段，四人在家彩排練習時，小雀忍不住一直以強烈的口吻詢問真紀的婚姻狀況。這回使得一向給人溫和印象、說話小聲的真紀突然放大音量，最後放下小提琴，以「據說人生有三個坡道，分別是上坡道、下坡道、沒想到」、「人生裡總會有讓你意想不到的事情發生，就像已經淋上檸檬汁的炸雞塊一樣，覆水難收」，淡淡談起丈夫已經失蹤一年的真相。

「沒想到」這個詞容易給人較負面的刻板印象，但我寧願相信危機總伴隨著轉機。在我二十世代的時候「沒想到」交往多年的對象無預警提出分手後不久，新歡竟然是自己認識的友人。在心情好不容易恢復平靜後，我決定替自己規劃一趟學業兼戀愛的畢業旅行。然而就在機票與飯店都訂好後，發生了震驚全世界的311東日本大地震。經過幾番猶豫之後，我將出發日期延後兩個月。同年五月的東京，或許因為整個社會瀰漫著自肅的氛圍，因此天空與景象看起來總像是按下快門前刻意被縮小光圈的設定般灰暗一些。不過我也沒料到會在這趟旅途中遇到生命中的貴人，感受到這座城市的一股溫暖與持續努力的生命力。當然，最意料之外的就是自己返台後興起想到日本留學的念頭。這個念頭萌芽後，人生的上下坡道似乎才迎接了真正的開始。光鮮亮麗的工作背後也曾有過不被信任與歧視的開端，自給自足且有餘力到各國旅遊的生活也曾有過一段存款金額僅有五萬台幣的日子。

對於那些覆水難收的「沒想到」，如果只是不斷沈浸在悲傷的情緒，那可能只能一直在無聊的聚會中勉強自己吞下根本不愛吃的檸檬汁炸雞塊，偶爾試著大膽舉手加點一盤不同口味的炸雞塊，或許能因此找到同好，成為聚餐上某個人眼中的小救星也說不定。

日本文化盒

劇中小雀最喜歡喝的三角袋裝咖啡牛乳，在目前的市場上已經無法找到標有「咖啡牛乳」字樣的乳製飲品。原因是日本約二十年前就規定只有含有100%生乳的飲品才能被標示為「牛乳」，而添加了其他成分或口味的乳製飲品則以「乳飲料」來命名，咖啡牛奶通常被稱為「咖啡歐蕾」或「milk coffee」。值得一提的是，劇中所說的咖啡牛乳最早是在一九一七年由日本某國小的校長發明的。

「人生裡總是會有讓你意想不到的事情發生，就像已經淋上檸檬汁的炸雞塊一樣，覆水難收。」

「人生ってまさかなことが起きるし、起きたことはもう元に帰らないんです。レモンかけちゃった唐揚げみたいに。」

2

東京比你想像中大得多，有各式各樣的街道。
而這其中也一定有最適合你的那一條街。

東京って、思ってるよりずっと広いんだよ。いろんな街がある。
そして自分にぴったりくる街が必ずある。

《你只想住在吉祥寺嗎？》
（吉祥寺だけが住みたい街ですか？）

這部二〇一六年播出的深夜短劇裡，沒有高顏值的男女主角，也沒有緊張刺激的情節，更沒有浪漫氛圍的場景，但是卻憑著溫馨又不刻意的台詞，以及每一集介紹東京各地有別於大都市印象、耐人尋味的特色區域，在當年意外地成了黑馬小品。

改編自漫畫作品，劇情大綱為一對在吉祥寺經營房仲公司的重田姐妹（大島美幸、安藤七津 飾），專門替認為換個居住環境便能按下人生重新啟動鍵的客人們尋找真正適合他們的租屋。雖然每一位特地來吉祥寺看房子的客人，一開始都是因為對吉祥寺有所憧憬慕名而來，但是在重田姐妹聽了每位客人所經歷的事情與需求後，會一齊出聲勸退客人：「那就不要住在吉祥寺了吧？（じゃ、吉祥寺やめよっか？）」接著便會帶客人到推薦的居住區域一起品嚐美食、散步感受當地氛圍與人情味，並且在以不侵犯隱私的自然對話中為充滿猶豫與不安的客人指點迷津。

其實光是劇名就令人相當忍不住好奇心想了解故事內容，因為吉祥寺可是蟬聯十年以上勇奪「東京最想住的街區」排行第一的居住區域。這意味著吉祥寺的地位在東京人以及懷抱夢想、想在東京展開新生活的日本人們心中有多屹立不搖。吉祥寺會如此受到歡迎的原因在於1.雖然在東京，卻擁有不像東京的一面，不但有自己的舒適生活步調，還有能欣賞四季美景的井之頭公園；2.生活機能方便，百貨公司、商店街、電影院、大型電器行樣樣沒少；3.交通便利，不論到澀谷或新宿都無需換車。基於這些看似理想的條件，對於想在新陳代謝速度快到無法跟上的都市中，回到家後能稍微喘口氣的人來說確實心動。

第一集首先登門找房的是一位自由接案的插畫家。她與交往多年的男友同居在吉祥寺，然而卻因男友有了新歡，不得不重新找新的住處。即使分手，她仍因為沒有住過吉祥寺以外的地方，也滿足於這樣的舒適圈，向房仲提出希望能幫忙找附近一帶的套房。

在諮詢過插畫家對於住處的期望後，包括有二手書店、散步小道以及離都心不遠等等，重田姐妹認為既然她的工作性質基本上不需外出，那麼其實住哪都可以。在說出那句經典台詞：「那就不要住在吉祥寺了吧！」之後便帶她到鄰近池袋卻享有一片寧靜的雜司谷。

在一邊介紹周圍環境時，重田姐妹說：「東京比妳想像中大得多，有各式各樣的街道，而這其中一定也有最適合妳的那一條街。」她們帶她去逛歷史悠久的神社、藏書豐富的二手書店、純樸的商店街、日本漫畫的傳奇人物手塚治虫曾住過的宿舍，讓插畫家親自用雙眼雙腳體會，究竟什麼樣的地方才最適合自己。

其實在剛搬到東京獨立生活時，我也曾幻想過如果能住在吉祥寺那該有多好？雖然在考慮到預算與移動距離等諸多現實問題後馬上就放棄了這個念頭，不過在朋友的介紹下倒是找到了越住越喜歡的「江古田」。

江古田位於西武池袋線上，離池袋僅隔三站卻有著截然不同的悠哉氣息。在這座小街上，有吉本芭娜娜、宮藤官九郎、蒼井優等日本藝文與影視界人才的母校「日本大學藝術學部」，以及動漫版《交響情人夢》音樂學校的參考場景「武藏野音樂大學」。另一方面，從開放式露天的商店街一路延伸至住宅小巷，隱藏著松屋牛丼一號店、近百年歷史的澡堂，還有好吃到一早就大排長龍，《孤獨的美食家》五郎也曾在劇中拜訪的麵包咖啡店。或許因為自己本身是廣電系畢業，又特別喜歡日本電影及文學作品，自然而然對於這個培育藝術人才的地方產生好感。櫻花綻放的季節一到，轉角的千年神社便成了我買菜回家前刻意繞去的散步景點；在漫長的暑假，兩旁的宿舍傳來與蟬鳴共譜交響曲的各種樂器練習聲；天氣轉涼時，居民們可以在大學文化祭這天大剌剌地走進校園，品嚐雖然稱不上好吃，但絕對熱情的小吃；到了一吐氣說話便在空氣中起霧的冬日，常光顧的泰式料理店老闆娘就會端出特製柚子茶，讓我在餐點上桌之前先暖身；半夜水管結凍沒有熱水可洗澡時，電話另一端聽起來像是在卡拉OK的房東立刻放下麥克風跑來解救。

也許這裡沒有大型商業設施，也沒有讓旅客趨之若鶩的觀光景點，卻是讓我每天在提著疲憊身軀下車後感受到細微溫暖的街道。不管你身處在哪一座城市，只要肯試著跳脫舒適圈，一定有未知的小秘境與新鮮的人事物等著。說不定去了就會喜歡上，找到能接受自己最原本模樣的街道。

日本文化盒

日本的房間格局以一組英文與數字組成。

1R：廚房與臥房沒有隔間，連在一起。通常房租價格較為親民，因此不少社會新鮮人與學生們會選擇此類型。

1LDK：標準的一房一廳。有獨立的臥房，廚房與客廳在同一個空間範圍。

租房時需透過房仲公司介紹與處理所有手續。基本上不會有直接接觸房東的機會，除非房東另有要求「面試」來決定是否要租給房客。

3

我只是不做自己不想做的事而已。有些事情不做是不知道的，並不是一點意義都沒有！

やりたくないことはやらないだけなんです。
やってみてわかったこともあるし、無駄なことじゃなかったですよ！

《海鷗食堂》
（かもめ食堂）

自從日本導演荻上直子以《海鷗食堂》在日本創下五億日幣的驚人票房後，「獨特幽默感＋透明治癒」似乎就成了觀眾對她系列作品最大的印象。

《海鷗食堂》全片拉到北歐芬蘭拍攝，由就算大家一時叫不出名字，也一定相當肯定其演技的女演員們擔任主角。

故事發生在連續六年榮登全球幸福指數最高的國家芬蘭。在洋溢活力氛圍的臨海都市赫爾辛基，有位日本中年女子幸江（小林聰美　飾）想開一家小食堂，讓在地人也有機會品嚐美味的日本家常菜，她甚至想將手握的海苔飯糰當作招牌菜色。雖然芬蘭人經過時都禁不起好奇心紛紛探頭往店裡觀望，卻因為不了解日本食物，沒有人敢輕易走進用餐。

直到另外兩位日本女性小綠（片桐入　飾）與正子（鑄真佐子　飾）出現，原本總是平淡又空空如也的食堂開始多了許多歡笑聲。儘管三人的年紀、個性和來到芬蘭的目的都截然不同，她們仍然想在異鄉一起努力經營這間充滿人情味的食堂。

在這部劇裡食物扮演著重要的角色，無論是「別人泡的一定比自己泡的更好喝的咖啡」，還是「日本的靈魂國民美食飯糰」等等，每一道料理的背後都有一段能勾起回憶的故事，也是能讓人與人之間距離拉近的魔法調味料。重點是，看起來真的太美味！還記得第一次看完電影後，我突然好想吃劇中當地客人吃得津津有味的肉桂捲，隔天還真的認真研究家裡附近有哪些咖啡店有賣肉桂捲。

值得一提的是，實際上當初作為電影拍攝場地的餐廳，現在仍以海鷗食堂「Ravintola KAMOME」作為店名並且提供日式料理，聽說有不少日本旅客慕名而來。

我之前到日本四國的香川縣出差採訪時，短短兩天一夜的行程所遇到的客戶與店長有好幾位都是曾經住在東京一段日子後決定「移住」與「返鄉」到香川定居的中年人士。

在聊天過程中發現大家都曾懷有一生只有一次，不妨到大都市闖闖的夢想。但是長期待在生活步調快到喘不過氣、被交付完全不是一人能應付的工作量之餘，還得在深夜一攤接著一攤的應酬環境下，不禁令他們開始思索「這真的是我想要的生活嗎？」

這讓我想起《海鷗食堂》劇中有一幕戲，當小綠為了報答幸江老闆娘願意讓她住下，希望店裡生意能起色而積極地提供新菜單點子時，幸江並沒有馬上拒絕，而是決定接受建議一起挑戰試作各種當地人或許會喜歡的飯糰口味，只是在試吃之後她們面面相覷，馬上決定作罷。

當晚小綠向幸江道歉時，幸江只是說：「有些事情不做是不知道的，並不是一點意義都沒有。」不但沒有半點責備，反而還以這句樂觀進取的回覆作為安慰。

T客戶在開車送我去機場的路上時我問他決定移住的契機。他只是露出淡淡的微笑握著方向盤回答：「有一天啊，我一如往常提著疲憊的身軀坐上單程就要一小時的電車，好不容易回到家鬆開領帶後看到一片漆黑的客廳，太太與小孩早已進入夢鄉的樣子時，我突然決定了自己的目標，那就是每天能在天黑之前回家！」這個目標或許聽起來一點也不遠大，但是卻足以改變一家人的幸福指數與生活品質。下車前他拿出手機螢幕畫面給我看，面對鏡頭比著V的三歲可愛娃兒的微笑固然可愛，但T盯著照片一臉藏不住雀躍神情，讓我印象深刻。

而另一句一直盤旋在我腦海的台詞則出現在正子羨慕幸江能在異地開設食堂、恣意做自己想做的事情時，幸江直率地說：「我只是不做自己不想做的事而已。」乍聽之下有些任性，不過也因為她毅然決然憑著莫名的直覺要在這裡開店才有了接下來一連串想好好珍惜的際遇。

我在香川還遇到一位玩具店老闆，他雖然原本就在東京從事玩具雜貨販賣，但也在因緣際會下搬來香川。一號店與二號店相距短短六十公尺，由於只有他一個人顧店，所以每當有客人上門光顧時，他就會在店門口貼上「老闆人在隔壁店」的紙張後再帶領客人走去另一家店。最有趣的是老闆平常十二點準時開店，唯有每週三會晚一個小時營業，就只是因為他習慣在週三吃完最愛的咖哩再開店。

另外由於他非常清楚玩具雜貨的定位本來就不是必需品，因此當遇到一次購買好幾萬元商品，準備「爆買」的客人時，他反而會在刷下商品條碼前認真詢問客人：「你確定買了真的不會後悔？」因為他希望能不同於大城市以利益為優先的經營模式，自己精挑細選的商品能為新主人的生活帶來一絲療癒，而非無限後悔。「我想做些在東京做不到的事情！」老闆一邊埋首在新奇玩具堆裡如此說著。

很多時候我們都只是在忍耐與任性之中做抉擇罷了，在沒有勇氣坦然面對自己心中那一小塊蠢蠢欲動的任性之前，有時候可以先從各種忍耐中學習經驗教訓。一旦全力以赴後發現自己還是必須做出變化時，那就再使出全力任性一次也無妨！

日本文化盒

《海鷗食堂》中出現的美味日式家庭料理令人在觀影時就垂涎欲滴，看完後更不禁想要照著食譜在家裡重現這些美味。其中一道菜就是「生薑豬肉」，以生薑、醬油、味醂和砂糖浸泡而成。事實上，這道菜在昭和時期以前（一九二六年以前）就已是日本關東地區的傳統料理。普遍認為，直到戰後一家位於銀座的居酒屋「錢形」為了提供更快速的外賣服務，發明了這道能夠大量烹飪的料理（目前這間店仍然存在，官網的菜單上也標示著「元祖生薑豬肉」）。

「凡事總會改變的，因為人都是會變的。」

「ずっと同じではいられないものですよね。人はみな変わっていくものですから。」

4

人要選擇哪一種方式而活。無論是做飯的一方，或是吃飯的一方。無論是啟程的一方，或是送行的一方，不代表哪個比較好，或是哪個比較不好。

人はどっちが選んで生きるの。作るほうが、食べるほうが、旅立つほうが、見送るほうが。どっちがよくて、どっちが悪いって、わけじゃねえ。

《舞伎家的料理人》
（舞妓さんちのまかないさん）

《舞伎家的料理人》為是枝裕和導演親自擔任執導與編劇的電視劇。雖然故事本身並非原創，而是改編自小山愛子在日本暢銷兩百萬本的人氣漫畫作品，不過在影視版本中仍增添了一些獨創元素。例如和舞伎們同住在一個屋簷下卻不願輕易敞開心胸的梓媽媽女兒，以及幾乎與漫畫中刻畫的個性迥異、擁有自己想法的招牌藝伎百子等等為劇情達到畫龍點睛效果的生動角色。

本劇以京都舞伎為故事主軸，主人公是住在青森縣的兩位女孩季代（森七菜　飾）與菫（出口夏希　飾）。兩人國中畢業後並沒有選擇繼續升學，而是毅然決然地來到人生地不熟的京都邁向舞伎之路。然而兩人在學習過程中，相差懸殊的實力與天分都被梓媽媽與師傅看在眼中。就在季代即將獨自返鄉之前，本來負責每天準備屋形所有人三餐的料理人太太因身體不適連日在家療養休息，看到顯然已經吃膩外送便當的大家，季代決定捲起袖子替每個人做一份親子丼來表達這些日子以來的謝意。沒想到，「普通卻美味」

的餐點擄獲了在場所有人的胃，梓媽媽也因此希望她以「料理人」的身份留下，找到在這個大家庭屬於自己的一席之地，同時在一旁守護著不斷精進技藝的菫。

在最後一集裡，鏡頭帶到家鄉青森的季代奶奶家。奶奶正在和健太一起品嚐為了慶祝菫正式成為舞伎而煮的麻糬紅豆湯。健太希望自己若順利打進甲子園，奶奶也能幫他準備這道料理，卻也不免思考著究竟要在哪一個重要的時刻準備季代的那一份。此時奶奶只是露出一如往常慈祥的笑容回答：「那孩子啊，不是人家做給她，而是她做給人家。人要選擇哪一種方式而活。無論是做飯的一方，或是吃飯的一方。無論是啟程的一方，或是送行的一方，不代表哪個比較好，或是哪個比較不好。」看似輕描淡寫的台詞，卻道出了每個人的人生至少都有過一次重大的抉擇。

留學時期我曾在進修的學校遇到形形色色，各自懷著不同目的與理想的同學。有人想成為漫畫家，有人想為升學做準備，也有人只是想體驗異國生活。一旦起跑時背後推動的力道不同，即便走在同條路上，過程中所看到的風景也不會一樣。

當時在日本語學校有一位很照顧我的台灣哥哥，他常常會在我中午下課時提前在一樓大廳等我。手裡提著的不是新推出的限定點心，就是當季的旅遊雜誌，還鼓勵我主動約另一位我們的共同朋友台灣姊姊出遊，這些貼心的舉動真的讓剛落地東京不久的我備感溫暖。

來日本之前，他辭去了雖然薪水穩定卻日復一日的工作。帶著好不容易存來的積蓄就這樣義無反顧地開始在東京打拚。為了維持生計與繳交學費，早上他在便當店打工，傍晚下課後又趕去下一份兼差的店。每次見面時，臉上不免流露出疲憊的神情相當令人擔心與不捨。後來我才知道他會如此拼命，都是因為遇見了人生的轉捩點——「甜點」，而為此賺取以料理聞名的專門學校的學費。入學之後，日子並沒有因此變得輕鬆。由於同窗都是高中剛畢業的年輕學徒，因此意識到自己起步得晚，決定付出比別人更多的努力。上課、飯店內場打工、法國料理餐廳實習，回到家後用冰箱裡所剩的食材反覆照著食譜練習。

最終，他選擇回到台灣。因緣際會下開始擔任甜點講師，以創意與巧手製作出一個個宛如藝術品般精緻的甜點深受學生們愛戴，現在他終於在台北擁有了自己的小店鋪。

認識十年至今，終於在去年回台時有機會吃到他親手做的水果瑞士卷。蛋糕所呈現出扎實又甜而不膩的口感，如同他當年靦腆善意的微笑。在那些背後無數個沈浸在鑽研技術而忘了天快亮的日子裡，廚房堆疊等著收拾整理的食譜與器皿，或許對他來說才是最忠實的夥伴。我想當時的他一定一點也不覺得辛苦，反而由衷渴望有一天能將這份美味傳遞給某個人。

到底該堅持追求令人嚮往憧憬的夢想，還是當個或許在眾人眼裡不特別耀眼，但能為某個人帶來片刻的溫暖力量的角色？我覺得只要默默堅持到底，並且打從心裡喜歡自己正在做的事情，那麼在一直以來看著自己一路成長的人眼裡，看起來一定是閃閃發亮的。

日本文化盒

舞伎與藝伎的差別在於，舞伎通常指在正式成為藝伎之前的十五～二十歲未成年少女。在這段期間需要學習各種傳統技藝，雖然沒有固定收入，但負責栽培以及供應吃住的「置屋」會替她們打理好一切。

一般在京都路上碰到的大多為舞伎，而技藝高人一等的藝伎可能就算花大把銀子也不見得能碰上一面唷。

5

重要的東西有時也會遲來一步，無論是愛情還是生活。

大事なものが後から遅れてくることもあるのよ。愛情だって、生活だって。

《離婚萬歲》

（最高の離婚）

當一位個性神經質、潔癖又渾身充滿負能量的男人，和一名生活習慣極差，大而化之頗有人緣的女人結婚會發生什麼樣的故事呢？

《離婚萬歲》在二〇一三年播出後，不僅受到觀眾的喜愛，更霸氣橫掃該屆日劇學院賞的導演、劇本、男女主角、主題曲等多項獎項。其中最讓人嘖嘖稱奇、不時拍案叫絕的經典台詞和對男女情感的細膩描寫，都出自於今年以電影《怪物》榮獲坎城影展最佳劇本的王牌編劇坂元裕二之手。

劇情描述光生（永山瑛太　飾）與結夏（尾野真千子　飾）在311東日本大地震時因電車停駛而結伴走路回家，並且逐漸萌生想成為對方人生伴侶的想法。然而，在兩年的婚姻生活中，因個性迥異，他們經常為了小事爭吵不斷。有一天結夏索性遞出光生早已簽字的離婚協議書，但因為考慮到兩邊家人的感受，一直找不到適當的時機開口，只好暫時繼續維持同居。

某天光生在回家路上遇到大學時代的女友燈里（真木陽子　飾），卻驚訝發現燈里的丈夫諒（綾野剛　飾）是個博愛主義者，除了在外面有其他女人，甚至根本連結婚申請書都沒有遞交出去。就在此時，又突然出現一位比結夏年紀小的同鄉男子向結夏求婚！？於是這兩對住在中目黑川附近的「不可思議夫妻」就此展開一段錯綜複雜又混亂的婚姻生活。

在第七集裡，光生與結夏隱瞞了兩個月離婚的事實不小心被奶奶發現後，奶奶請結夏替自己染髮時的對話中不時透露希望他們復合的心願。奶奶說：「罐頭是在一八一〇年發明出來的。可是，開罐器卻在一八五八年才被發明出來。很奇怪吧？可是，有時候就是這樣的。重要的東西有時也會遲來一步，無論是愛情還是生活。」此話之意是想讓結夏明白，也許現在兩人因為覺得彼此在個性上合不來而選擇分開，但或許兩人只是還需要一點互相理解與磨合的時間，才能發現對方其實是最適合自己的對象。

不過這句話反倒讓我想起前陣子滑手機時看到一則訪問女性對婚姻看法的影片。受訪的女性被問及是否會因為擔心歲數而急於步入婚姻？那名女子散發著自信，做了非常得體的回應。她說：「沒有該結婚的年齡，只有該結婚的感情。」她也提及自己經常被女性親戚長輩催婚，不過在面對長輩們擔心她未來找不到人依靠當支柱時，她不但沒有顯露不耐煩，也從不敷衍，而是反問一句：「妳不覺得妳才是家裡的支柱嗎？」讓長輩不再多問下去。

我身邊不乏有被一般大眾認定為大齡女子的友人，然而每次和她們見面聊天時，都未曾從她們口中聽過「啊，我好想趕快結婚」、「怎麼辦都找不到對象！」一類似的話。反而有時像個小女孩般分享追星或喜歡的動漫角色，提及工作時又馬上切換為穩重成熟的大姐模式給予中肯的意見。我很喜歡這樣的她們，既有魅力，又有實力。

在找到真正能夠攜手走一輩子的伴侶之前，多花點時間走些路並沒有什麼不好，那些在路途上受過的傷總會癒合。經歷的風雨總會放晴，看到的風景會讓自己更知道自己想要的是什麼、能陪伴彼此的是什麼樣的人。

日本文化盒

結夏喜歡吃的日式高麗菜捲在明治時期（十九世紀）被定位為家常菜，在一八九三年的報紙上還刊登了食譜作法。雖然高麗菜捲的原型來自兩千年前的歐洲，不過日式高麗菜捲所包的餡料多以絞肉、洋蔥、胡蘿蔔、牛奶等食材為主，並且以法式清湯或和風高湯燉煮。另外也是受歡迎的關東煮食材配料之一，經常可以在秋冬時看到便利商店推出販售。

「你是個好人。
雖說如此，但我不是為了想要幸福才去喜歡一個人的。」

「いいやつだと思うよ。
思うけど、幸せになるために好きになるわけじゃないから。」

6

對當時的我來說，
那樣的幸福渺小到讓我感到悲哀，因而選擇了放手。
現在的我已經懂得那樣的幸福有多麼珍貴。

あの頃は小さな幸せの、その小ささが切なくって手放してしまったけど、
いまならその大切さが分かる。

《東京女子圖鑑》
（東京女子図鑑）

《東京Calendar》是一本在日本發行超過二十年以上，專門向都會男女介紹東京美食與生活資訊的雜誌。其網頁版曾連載過一系列居住在東京各個區域，迎接人生每個不同階段的《東京女子圖鑑》散文，由於大獲女性讀者支持與共鳴，因此還曾集結出版成書，最終改編成日劇，這也就是深夜劇《東京女子圖鑑》的原型。

女主角齋藤綾（水川麻美　飾）來自秋田縣的純樸小鎮，雖然她不知道未來想朝哪一條路發展，但卻清楚知道自己不甘於只在鄉下找份過得去的工作、找個還算不錯的人嫁，過著平凡的一生。她幻想有朝一日能在充滿機會的東京成為讓人稱羨不已的女性。

綾大學畢業後很幸運地在東京找到時尚產業的相關工作，並且在不需過度在意別人眼光、能保有自在的三軒茶屋開啟東京第一章節。綾先是在住家附近遇到了同鄉的溫柔男子和他一起度過一段幸福快樂的日子，然而綾卻逐漸無法從中獲取滿足，甚至想要貪婪更多，繼續往她腦海裡規劃的「一名成功的東京女子模樣」前進。之後她分別在磨練女人味的惠比壽、嚐盡奢華與禁忌的銀座、嚮往家庭美滿的豐洲、活出自我的代代木上原遇到不一樣的對象。看著綾走過二十代的青春年華、展現工作能力的三十代，以及猶豫這一切究竟是不是自己真正想要的四十代，彷彿就像是投射正在某座城市尋找每一塊能拼成幸福藍圖的現代女子。

在最後一集中，其實有好多段情景都讓同樣身為女性的我替一直以來都坦然面對自己且努力生活的綾感到不捨。她在歷經丈夫外遇以及於咖啡店認識的小白臉帥哥店員找到了比自己更富有的女人等衝擊之後，決定回老家秋田一趟。就在綾漫無目的地散步時和高中的班導巧遇，老師對她說：「妳真的成了被眾人羨慕的人！而且我在學校很常把妳成功的故事分享給接下來要決定升學規劃的學生喔！」看著老師手中那張特地留下的雜誌專訪內容，上頭正是自己在職場上閃閃發亮的樣貌後，綾的淚水再也止不住⋯⋯

再次返回東京後，她偶然在二十年前陪伴她在都市中慢慢茁壯的三軒茶屋的章魚燒店門口遇到了同鄉初戀。她想起當時不計形象大快朵頤在路邊享用美食、相約週五到微奢華的餐廳小酌暢聊、下班後一起在家下廚，邊看隔天就會忘卻、讓人捧腹大笑的電視節目等等過去曾和對方一同擁有的幸福。

「對當時的我來說，那樣的幸福渺小到讓我感到悲哀，因而選擇了放手。直到現在我才懂得那樣的幸福有多麼得來不易。至今為止所發生的每一件事，或許正是為了重新體悟這個道理而繞的遠路吧。」當畫面帶到男方牽著妻小慢慢走遠，綾的內心冒出了這句話。

也許在別人眼裡，我是個活躍於國外職場、同時出版過五本書籍、有能力到處旅遊與充實自己的小資女，但為了能過上這樣的生活，幾乎沒有一刻能夠鬆懈。即便受了委屈，因為不想讓遠方的家人擔心往往只能往肚裡吞。我告訴自己這些都是必經之路，大不了把眼淚擦乾就好，因為明天又有新的挑戰等著。只是在一場疫情過後，時間悄悄也流逝了三年。在每一場久違回台的聚餐中看到昔日同窗好友們開口閉口都是爸爸媽媽經，有的甚至帶著小孩與另一半參加。雖然他們嘴裡抱怨著育兒的艱辛與為了家人而暫時放下的事業，但是卻都不經意地露出知足的微笑。我替他們開心，卻也不可否認感到一絲孤寂與不安。究竟我現在所擁有的一切能持續到什麼時候？是否有一天我的粉絲團與IG也會開始出現曬小孩的照片貼文？有了小孩後我還能完美兼顧事業嗎？這些無解的問題其實一直都在腦海中懸浮著，而我唯一能做的事情就是一步步繼續向前走，小心翼翼珍惜每一個感到幸福的片刻。

日本文化盒

在第六集中，女主角的上司要她去購買銀座和菓子百年老舖空也的「最中」作為送給客戶的伴手禮。實際上該店的最中真的是搶手到最晚至少要前一天預購才能買到的人氣商品。原本最中是在宮廷內於中秋月圓時吃的圓形甜點，到了後來才延伸出各種形狀與內餡。空也的最中特徵在於將糯米粉烤製為橢圓狀，再將紅豆與砂糖揉成的紮實細緻紅豆餡包進外皮裡。樸實又典雅的風味就連文豪夏目漱石都曾在書裡提到。

「無論何時都被放眼於高處的這座城市裡，像我這樣貪婪的女人們，百分之百不會滿足於眼前的幸福。但又無數次地勸告自己適可而止，就這樣一步一步向前走著。」

「いつまでも上を見せられるこの街で、私と似たような強欲な女たちは目の前の幸せに100% 満たされることはないまま。それでもこれでいいのだっと何度も言い聞かせるようにして、一歩一歩、歩いで行くのです。」

7

別人並沒有自己所想的那樣關注自己。
你還記得最近在外面吃飯時，坐你旁邊的人長什麼樣嗎？

自分が思うほど、他人は自分のことを気にしてない。
最近外食した店で、隣に座っていた人のこと覚えてる？

《獨活女子的守則》
（ソロ活女子のススメ）

由出演過《半澤直樹》的政治家、《OL不加班》的中華料理店老闆娘、《校對女王》的校對部門同事，堪稱日本影視界最搶手的配角江口德子首次擔任主演的日劇《獨活女子的守則》，講述一位四十歲單身女子五月女惠，在經歷許多事情之後決定不再勉強參與自己其實相當不擅長的社交活動。「獨自一人去喜歡的地方、做喜歡的事，享受獨處的時間，這樣的她，就叫做『獨活女子』」。成為獨活女子後，五月女惠開始挑戰一個人大快朵頤吃燒肉、享受情侶摩鐵的超大雙人床與浴缸、在四十歲生日那天搭乘高級轎車盡賞東京夜景等等各種不需在意他人眼光，只要自己開心就好的事情。五月女惠如此貫徹獨活，並非因為厭世或排斥與人交流，而是願意忠於自己內心的聲音。在經歷連她自己都未曾想過的豐富體驗後，自然而然地散發出一股令旁人羨慕的從容自在的自信。

《獨活女子的守則》第一季共有十集，每集僅有短短的二十五分鐘左右，二〇二三年的現在已經在萬眾期待下開播第三季。每當在獨自用餐或睡前看著五月女惠發自內心感到充實的滿足表情時，也讓我心情跟著愉悅，忍不住蠢蠢欲動開始想著自己想嘗試什麼樣的獨活。

第一季的第七集裡，五月女惠在同一天獨自續攤兩間立飲式居酒屋。這對早已練就如何在入店後毫不猶豫點餐與保持怡然自得本領的她而言可是輕而一舉。在看到一旁似乎是獨活新手的妙齡女子不知所措的模樣時，身為獨活前輩的五月女惠決定適時跳出來給予意見。

妙齡女子表示會來到這間店，是因為與其到一般總是人聲鼎沸的熱鬧居酒屋，不如到本來就比較多客人獨自上門光顧的店還比較自在，不會被別人指指點點認為是孤單的女子。五月女惠在聽了這番話後，彷彿看到了從前的自己。於是便單刀直入的回答：「別人並沒有自己所想的那樣關注自己。」見妙齡女子的表情仍抱持遲疑後，她反問：「你還記得最近在外面吃飯時，坐你旁邊的人長什麼樣嗎？」答案很顯然的是當然不記得，這下妙齡女子總算露出放鬆安心的笑容。

我從學生時代就很喜歡擁有靈魂療癒嗓音的美籍創作歌手約翰梅爾（John Mayer），一直希望有朝一日能夠參加他的演唱會感受串流平台及CD聽不見的魅力。而這個願望終於在二〇一七年他宣布舉辦世界巡迴演唱會時看到了一絲可能，但前提是我必須出國。對我來說，無論是回台灣或回日本都不能稱作為「出國」。這麼一想，赫然發現距離上一趟國外旅遊竟然已超過六年以上（而且還是足以改變人生的那趟東京獨旅）。攤開地圖與確認行事曆之後，總算決定目的地——倫敦。

說不擔心、緊張絕對是在騙自己。而且其實在出發之前，英國當地連續發生幾樁恐怖襲擊事件，其中一次還是嫌犯以自殺式炸彈襲擊參加完演唱會的觀眾導致多人傷亡。家母看到新聞後不免直接在我上班時間多次打來再三要我注意安全，最後不忘加一句「妳到底為什麼非得一個人去旅行啊？」來顯示她對女兒的無奈。不過或許是因為憶起當初一人闖蕩東京的美好經驗，也或許是想暫時跳脫舒適圈，平常下班後只想耍廢追劇的我竟然在出發的三個月前就開始計畫行程。從列出入境時可能會被問到的問題到用街景服務複習無數次從車站走到飯店的路，甚至鼓起勇氣聯絡住在當地的台灣部落客是否願意見面聊天，除了謹慎，只有滿滿的期待。

因為沒有多餘的預算，演唱會我選擇了最尾端的區域。不過沒關係，我事前特地向朋友借了一台望遠鏡，一邊和其他粉絲們齊唱副歌，一邊握著望遠鏡享受近距離但有些模糊的約翰梅爾。雖然有記得打電話給同樣喜歡他的朋友，但因為敵不過時差七小時的睡意，朋友隔天根本不記得有接起我的電話，更何況是聽到約翰梅爾的歌聲。

另一個讓我難得蹦出少女心的行程就是幸運預約到肯辛頓五星級飯店供應的「美女與野獸下午茶套餐」。一走進餐廳，放眼望去全是女子會與家庭組，現場真的就只有我隻身前來用餐。此時此刻我就跟《獨活女子的守則》裡的女主角心境如出一轍，開始擔心會不會被別桌的人以為我沒朋友還是被放鴿子之類的事。然而很快就會發現大家都沈浸在歡樂的談話中，才沒有空觀察連長相都不會記得的隔壁桌客人。意識到這件事後，我就更想專心地細細品嚐眼前這頓精緻又夢幻的午茶糕點了。

繼這趟倫敦之旅後，首爾、紐約、雪梨也成了我獨活的目的地。有時候正因為一個人，才能更用心感受每一個當下與一期一會遇到的人事物。但無論是喜歡獨處或團體行動都沒有所謂的好與不好，最重要的是找到適合自己的生活方式。

日本文化盒

五月女惠於第七集的第一輪立飲店時，豪邁地率先點了一杯Highball（ハイボール）。Highball泛指威士忌（或烈酒）加碳酸水的調配酒精飲料，通常會加些檸檬片增添風味。由於價格實惠又屬於低酒精飲料，幾乎已是不分年紀，大家到居酒屋的必點選項之一。

8

什麼夢想，那種浮誇的東西沒有也沒關係啊，有個目標就夠了。

夢なんて、そんな大げさなもの無くてもいいんじゃない？目標程度で。

《法醫女王》
（アンナチュラル）

其實我很少看醫療或法醫劇，原因說來還真有點不好意思，由於自己非常害怕看到出現「血」與「器官」的場面，就連在現實生活中每年去做健康檢查抽血時，仍會哀求護士在扎針進去之前讓我稍微深呼吸做好心理準備。但是在每一集中道出官僚體制、女性歧視、勞資糾紛、校園霸凌等時事議題，不亂灑狗血，卻又能做到一針見血的《法醫女王》，實在讓人找不到中途棄劇的理由。

以「不自然死亡」為主軸，法醫解剖師三澄美琴（石原聰美 飾）在UDI Lab機構裡和經驗豐富的解剖師中堂系（井浦新 飾）以及兼職的紀錄員（窪田正孝 飾）、臨床檢查技師（市川實日子 飾）負責解剖被搬運至研究所的不自然死亡屍體，藉以查明真相還給被留下的遺屬一個公道。面對逝去的人，活著的人該如何在悲痛中接受事實，而活在當下卻迷失方向的人又該怎麼重新導航或選擇變換路線，似乎都能在每一集中激起心中陣陣細微的漣漪。

值得一提的是，歌手米津玄師當初在創作此劇的主題曲〈Lemon〉時遭逢深愛的祖父驟逝，因此他希望能在歌曲中完整表達思念的心情與對死亡的感觸。當屆的NHK紅白歌唱大賽，他選擇在祖父的家鄉德島現場高唱〈Lemon〉。隨著他充滿渲染力的歌聲，讓人再次想起《法醫女王》裡體悟人生的催淚劇情。

在第四集講述勞資糾紛的劇情中，死者為了想讓家人的未來能過上幸福的生活而沒日沒夜的勤勉工作，沒想到最後卻因過勞而斷送性命。紀錄員六郎問三澄美琴為了什麼而工作，三澄美琴沒有半秒猶豫地回答：「為了生存。」接著六郎道出自己尚未找到夢想的煩惱時，三澄美琴露出一本正經的表情給予了：「什麼夢想，那種浮誇的東西沒有也沒關係啊，有個目標就夠了。領到薪水想買什麼、放假的時候想去哪裡玩、或是為了某個人工作。」的答案。

很多人可能會以為我的夢想就是長期在日本生活，而且因為仍是進行式，所以很容易被誤歸類在「夢想成真的人生勝利組」。其實關於夢想這件事情，我一直都沒有給自己設限。五歲時我想成為商人，十歲時我想當畫家，十八歲時還曾妄想成為電影導演，每個人生階段因為接觸的環境與人事物不同，產生截然不同的想法似乎也是必然。

事實上出了社會後比起夢想，我開始更積極思考想達成的目標。大至日本留學、當編輯、出書、韓國遊學、海外一人旅、採訪崇拜敬仰的名人，小至下週想去看剛上映的電影、生日當天想請假吃頓大餐、拿到紅利獎金後想買最新型的吹風機等等，這些全是我想做的大小事情。由於不是什麼偉大的夢想，聽起來也就不會那麼遙不可及，自然而然動力就增加了許多，甚至在實際著手後，因為逐漸累積的小成就感當中開始對自己產生信心。

有時候我會收到一些讀者的訊息或是在講座上被詢問：「我想到日本留學生活，請問該怎麼做才好？」除了很高興有讀者願意向素未謀面的我傾訴煩惱，大方分享隨著年紀可能越來越難向周邊的人輕易說出的想法以外，如果可以我都會先想向他們確認：「到了日本後，你有什麼想做的事嗎？」我始終相信在眾多取捨之後，拎著行李箱跨洋到另一個國度生活並非是件簡單的決定，從抵達陸地的那一刻才是所有考驗的開始。「出發」只是一張追夢的機票，在旅程中想看到什麼樣的風景，遇到怎樣的際遇都取決於握在手中的行程表。

就算只是成天坐在辦公室處理令人翻不完白眼的雜事也可以擁有無限個目標。想早點下班就得提升效率，哪有空在群組討論其他同事的八卦或是滑手機吸收完全不痛不癢的資訊；想出國旅行就得養成存錢的習慣，哪有閒錢跟其實感情也沒多要好的泛泛之交去KTV當分母、哪怕不好意思拒絕一起團購珍奶。想當個「好好喔」一直在羨慕別人卻沒付諸行動的人，還是當個

「我覺得我過得還不錯」的人，絕對不是在於有沒有夢想，而是是否專注享受在每個當下所做的事情。

日本文化盒

日本的喪事流程天數從去世到出殯大約三至四天，相較於台灣平均十～十五天來說算是相當從簡。通常去世的隔天便會進行守夜，並且於第三天舉行告別式與火化安葬。參加喪禮的人無論男女皆需穿著黑色正裝或黑色和服，學生則可穿學校的制服出席。

9

一味逃避又有什麼意義，就算説些冠冕堂皇的話，互相原諒了，現實也不會有任何改變。我們能做的就是讓他們正面衝撞，讓他們為自己的人生做個了結。

曖昧にすることに何の意味がある？綺麗な言葉を並べて許し合ったところで、現実は何一つ変わらないんだよ。我々に出来ることは、徹底的にぶつかり合わせ人生にケリをつけさせてやることだけだ。

《王牌大律師》（第二季）
（リーガル・ハイ）

法庭律政劇一向給人千篇一律、難以突破創新的印象。不是走過度熱血的伸張正義路線，就是在法庭爭鬥又燒腦至極的路線。然而近期推出《正直詐欺師》、《怎麼辦家康》等精彩作品的古澤良太編劇家筆下的《王牌大律師》，之所以大受歡迎還敲碗到第二季播出，除了角色塑造豐滿成功，最大原因就是劇情始終詼諧幽默與一針見血的定論之餘仍保有一絲人情味。而且透過犀利有趣的台詞，讓觀眾能對複雜的法律問題有更深入的了解。

全劇以律師的觀點講述高傲自負的天才律師古美門研介（堺雅人　飾）與天真爛漫的菜鳥律師黛真知子（新垣結衣　飾）攜手處理各種訴訟案件所發生的故事。

在法庭上持有未敗訴紀錄的古美門研介，擁有敏銳的觀察力和出色的辯論能力。為了取勝會不擇手段遊走在灰色地帶，在眾人眼裡是一位僅在乎金錢與美色的律師。當他和深信正義至上的黛真知子合作時，他們之間的衝突與相處模式總是充滿令人捧腹大笑的喜劇感，同時也在每一集不同的案件中，逐一體現了法律實踐的倫理道德。

在第二季第三集中，黛律師在一場同學會上遇到了昔日同窗熊井健悟。自知其貌不揚的熊井一直以來都希望能娶到一位擁有完美臉孔的嬌妻好「洗刷」家族外貌的基因。好不容易在鍥而不捨的追求後終於和外表理想的伴侶攜手走向紅毯過著人人稱羨的新婚生活，沒想到卻不小心發現妻子隱瞞曾整形的事實。一氣之下決定訴請離婚，並要求妻子賠償八百萬的精神損失費。

妻子聘用的對手顧問律師羽生晴樹（岡田將生 飾）雖然想與黛律師嘗試調解這場鬧劇，希望夫妻倆能再次慎重考慮複合的可能，試圖勾起兩人在婚姻中的美好回憶。然而古美門研介卻破門見山地道出一句：「一味逃避又有什麼意義，就算說些冠冕堂皇的話，互相原諒了，現實也不會有任何改變。我們能做的就是讓他們正面衝撞，讓他們為自己的人生做個了結。」讓妻子最後同意離婚。反倒是丈夫無意間在廚房翻開妻子一直以來詳細紀錄的愛心食譜後開始想挽回這段感情，想當然已經來不及。而妻子在認清彼此價值觀根本不合後也找到了願意接納包容自己過去的新歡。

雖然這集主要探討的是內在與外在美以及社會對女性長相優劣的現實評斷，不過古美門研介的那句話讓我想起身邊友人的故事。來自香港的Y小姐在一間日本小有名氣的服飾品牌擔任百貨專櫃的銷售員，儘管對這份工作沒有特別熱衷，但覺得至少能以員工價購買平常根本捨不得掏出錢包的設計款服飾，穩定的銷售成績讓她有了獲得被提拔為店長的機會，因此默默地做了許多年。

後來她在聯誼聚餐上認識了一位在廣告代理商任職業務的W先生，由於兩人年齡相仿（二十代後半），又能理解彼此獨自在大城市生活的辛苦與孤寂，因此很快就陷入熱戀。只是才剛交往沒多久，Y小姐就意外懷孕了。本來就很喜歡小孩的兩人決定排除一切困難迎接新生命的到來。請了產假與育嬰假的Y小姐每天都細心呵護照顧著可愛的嬰兒，到了傍晚再準備一桌好菜等著丈夫回家。然而隨著一心想扛起經濟負擔的丈夫出差與加班的情況持續增加，兩人對話的時間不但變少，有時丈夫脾氣一上來，甚至會說出：「妳不是每天都在家無所事事嗎？哪有我忙？不然妳要出錢付房租嗎？」等等對妻子不公平的諷刺發言。加上平日累積的疲憊也讓丈夫毫無餘力陪伴家人，假日只想獨自到處開車兜風放空。

為了小孩而幾乎沒有與外界接觸、在疫情期間也沒辦法輕易回鄉的Y小姐，因為缺乏安全感開始對這段感情產生不安，總是趁著丈夫睡著時翻看他的手機訊息與公事包，只要一覺得不對勁就會不斷追問，甚至將睡夢中的丈夫叫醒。W先生雖然感到無奈，但是為了不想再增加不必要的紛爭也沒有多說什麼。

有一天丈夫下班回到家後發現妻小不在，看到桌上留下草率字跡的紙條才知道原來Y小姐在沒有事先告知之下就帶著孩子飛回香港了。原本以為回到老家能稍微喘口氣，沒想到換來的卻是父母的責備。對深植「勸和不勸離」觀念的上一代長輩來說，離婚並非是能輕易接受的選擇，但是對年紀尚輕的Y小姐來說，她還有好一大段人生要走。即便沒有遠大的夢想，也無法滿足於僅能當一名宛如「偽單親」媽媽，還得受到另一半不平等對待。另一方面，對W先生來說，他以為婚後只要扛起經濟責任就是一位稱職的父親，卻忘了家人最需要的其實是「陪伴」與「尊重」。

在達成共識決定離婚後，小孩的扶養權成了另一條導火線。然而爭權的主角不是當事人，反而是雙方的父母。社會經驗淺薄，經濟能力有限的兩人在此刻竟然沒有半點插話的餘地，只能看著彼此父母在法庭上語言不通還得你爭我奪的殘忍模樣。最終，法官做了判決將扶養權歸給男方，Y小姐則回到香港重新生活。

疫情穩定後Y小姐來東京探望小孩時我們約在咖啡店談起這段往事，我發現她舉手投足都散發著自信，穿著更有自己的風格。不變的是，在撫摸小孩的頭髮時那身為母親的溫柔神情。

逃避與勸和不一定就會招來不幸的結果，但是一旦發現彼此心目中的理想與觀念不同，經過多次溝通後仍難以改變的話，別忘了我們都還有替自己「做個了結」按下人生重啟鍵的選擇權。

日本文化盒

在第一季的第一集中，黛律師首次去古美門研介家拜訪律師時，差點迷路找不到正確位置，最後是在看到門牌上寫著「古美門」後才戰戰兢兢地走進。

日本的門牌在漢字寫為「表札」，表札上通常會標示該住戶的姓氏，有的甚至會寫上全家人的名字。這樣的習慣在距今約百年前的大正時期逐漸普及，當初是為了防止郵件送錯戶，不過現在因為擔心隱私與犯罪問題，因此也有住戶選擇不掛上表札。

黛律師：「不用離婚對雙方而言才是才是幸福的結局吧？」
古美門律師：「你別隨便決定別人的幸福。」

黛先生：「離婚しなく済むならそのほうがお互い幸せでしょう？」
古美門先生：「他人の幸せを君が勝手に決めるな。」

10

不行是誰決定的呢？明明你眼前就有這麼多的可能性啊！

無理なんて、誰が決めたんですか？こんなにたくさんの可能性が広がっているのに。

《重版出來！》
（重版出来！）

日劇《重版出來！》改編自漫畫家松本奈緒子連載十年的作品。原著不但曾獲得漫畫大賞與小學館漫畫賞等知名獎項肯定，也有被拍成韓劇版本的《今日的網漫》。

劇情講述一位曾有機會進軍奧運為國爭光，卻因在關鍵比賽中受傷不得不結束選手生涯的社會新鮮人黑澤心（黑木華　飾），她憑著熱血與努力成為知名出版社裡漫畫編輯部的一員。起初公司裡的前輩們幾乎不看好她的表現，然而隨著朝夕相處，或許被指派的工作在他人眼裡毫不重要，她仍滿懷感激拼命想達成的工作態度逐漸感染了周圍的漫畫家、編輯、業務以及書店店員，也終於有機會能擔任暢銷漫畫家與天才新人的責任編輯。透過黑澤的視角，觀眾不只可以看到為了讓一本書籍成為賣座作品時各個崗位立場的重要性，追求理想的同時也得背負現實的殘酷，也能感受到每一位以靈魂在創作的工作者們背後的艱辛。

或許是因為自己的第一份正職工作正是雜誌出版社的編輯，後來踏入網路媒體從小編一路爬到仍在學習摸索的總編，而且從第一次有機會出書到現在如火如荼撰稿籌備第六本書（就是你手上翻閱的這一本），不知不覺也過了十個年頭。因此在觀看《重版出來！》時，很多時候都止不住淚水，感到心有戚戚焉。

在第四集裡的同人誌展售會上，黑澤心碰上了畫功雖需琢磨，但散發出旁人無法模仿的天才漫畫家中田伯，以及畫風細緻完美卻缺乏自信的女大生東江絹。當黑澤心詢問東江絹是否想毛遂自薦將作品拿到攤位給出版社過目時，東江絹立刻認為自己沒有那樣的才能而打算打退堂鼓。此時黑澤心對她說：「不行是誰決定的呢？明明你眼前就有這麼多的可能性啊！」下一秒畫面便帶到熙來攘往的展場，到處都是抱著希望來推銷自己心血之作的新人們。

不過最有趣的還是劇中出現的每一部漫畫其實都是由真正在日本擁有代表性地位的漫畫家所親自繪製而成，其中包括藤子不二雄A、村上崇、育江綾等人，讓忠實粉絲們「大飽眼福」。另外也有不少網友們猜測故事裡的漫畫家角色設定是參考自《航海王》、《進擊的巨人》等人氣漫畫家的個性，因此在網路上掀起了一番熱烈討論。

我喜歡以文字紀錄想法這件事情似乎是從小學就開始養成的興趣，除了手寫的日記外，小學六年級就已經沈溺於在當年紅極一時的「愛情國小」撰寫自己現在絕對沒有勇氣再點開來看的青澀日記。後續的PChome新聞台、無名小站到痞客邦，每一個時代的平台都紀錄了當下最真實的自我。

在大學畢業前夕的東京旅遊回來後，短短一週內在東京所見到形形色色的人事物第一次激發了我想要寫書的慾望。好不容易自信滿滿將擬定好的主題及大綱投遞給幾間出版社後，不是石沈大海，就是收到編輯的委婉拒絕信。雖然心情上多少受到些打擊，但這並不影響我想寫作的動力，在這裡可是完全顯現了牡羊座越挫越勇的不服輸個性（笑）。因此當決定到東京留學後，我便開設了「東京，不只是留學」粉絲團帳號，也開始在部落格發表一些透過實際體驗後對日本文化觀察的想法。不為他人，而是為自己，希望將來再度回首這段難能可貴的海外生活時，能因為這些或許稱不上專業，但至少不會留下遺憾的文字而問心無愧。

某天正準備打開電腦提筆時，突然收到一封來自出版社的信件，標題上寫的「出版邀約」在我眼裡簡直像自動開啟200%放大效果般無法忽視。抱著既期待又緊張的心情按下滑鼠後，直覺告訴我，時機來了。

興奮地馬上和媽媽分享出書邀約的消息，沒想到換來她理性到讓人覺得有些冷淡的一句：「妳確定不是詐騙集團？」好在，最後在媽媽的陪同下總算順利在合約書上蓋上印章。每次想到這件事時我都忍不住搖頭大笑，真的非常感謝當時出版社的負責人願意耐心說明。

第一本書《日本人，搞不懂你ㄋㄟ》我寫得特別開心，文字裡透露出只有身為學生才能體會的快樂與看待事物的角度。無論是特地跑去書店看自己的書被陳列的樣子、舉辦簽書會還是獲邀到學校演講等等，所有的第一次都是如此珍貴。我一直堅信機會是留給準備好的人，時機到來之前能做的就是不斷磨練與想盡辦法讓自己有被看到的可能，而當屬於你的那一刻來臨，能做的就是把握機會。雖然不知道在有生之年自己能夠出版幾本書籍，但是只要還能寫、還有想傳遞給讀者的訊息，我想是不會輕易將筆放下的。

日本文化盒

日本的大型書店通常會邀請漫畫家在店內舉辦簽書會，並且請漫畫家在簽名板上留下簽名放在店內陳設。即便沒有舉行活動，也會視銷售狀況詢問出版社是否能提供漫畫家的親筆簽名作為書籍宣傳。

在311東北大地震滿十年時以及疫情之中日本慷慨捐贈大批疫苗之際，台日雙方超過百位的知名漫畫家曾相互親繪獨一無二的簽名板表達謝意。這些簽名板後續也曾展示於新宿紀伊國屋書店本店以及岩手縣當地的文化交流中心。

＊一般所熟悉的金框白底簽名板的日文為「サイン色紙」（sainirogami）。

PART 2

親情

かぞく

11

如果這輩子只剩下最後一次快門，你會拍什麼？

もし、一生にあと一枚しかシャッターを切れへんとしたら、お前は何を撮る？

《淺田家！》
（浅田家！）

《淺田家！》由二宮和也、妻夫木聰、黑木華、菅田將暉等強大演技派卡司一同演出，並且為真人真事改編。在日本影視圈早已未演先轟動引起一陣話題，上映之後更是橫掃當屆日本奧斯卡（日本電影學院獎）的最佳作品、最佳男主角、最佳男配角與女配角等八項大獎。

劇情前半段描述被譽為全日本最會拍全家福的攝影師淺田政志（二宮和也飾）在十二歲生日時收到父親一直以來珍惜的相機，人生第一次按下快門所拍的照片就是全家福後，立志成為一名職業攝影師的心路歷程。而讓他獲得攝影大獎肯定的系列照片，正是由全家人從衣服、化妝到租借場地全都自己來才得以完成，親自詮釋黑道世家、消防員、大胃王比賽、拉麵店甚至是喪禮等角色與場景設定，令人看了會心一笑的「另類全家福紀念照」。

後半段則敘述311東日本大地震後，淺田政志一時失去了目標，決定到東北的嚴重受災區參加義工活動。每日面對被無情海嘯沖刷後沾滿泥濘的照片以及無家可歸的受災民眾，儘管知道要找到每一本相簿的主人並歸還至他們手中有多困難，他仍希望透過自己微薄的力量讓周圍的人們重拾希望與找回重要的記憶，而他也在這過程中逐漸了解攝影真正的意義為何。

在電影開頭的前十五分鐘，鏡頭帶到即將從攝影專門學校畢業卻渾渾噩噩度日、不專心學習的政志。在畢業前夕老師遞給了他一份資料，要他好好思考畢業作品的拍攝主題作為畢業條件。老師一句：「如果這輩子只剩下最後一次快門，你會拍什麼？」終於激發他的創意與面對始終最在意的人事物，那就是「家人」。

就算頂著一頭金髮和兩隻充滿彩色刺青手臂回老家，全家人不但沒有生氣，還願意配合政志重返十歲時的「事發現場」，到媽媽任職的診所拍攝重現當年父親下廚時菜刀掉落在腳上、兄弟倆接連摔傷的景象。這張充滿幽默感與親情羈絆的照片獲得了校長獎，因此順利畢業。

如果被問到同一個問題，我想我的答案或許也會是「全家福」。由於長年居住日本，疫情前雖然每年都會回台一兩次，但每次都是匆匆往返，在台灣的行程總是因工作與聚餐而塞得飽滿，媽媽還曾因此笑說我根本把家裡當飯店。

直到疫情延續了近三年的這段期間，因為無法如過往般想見面就見面，我才體悟到在家人需要陪伴時，無法待在他們身邊的那份孤獨與無助。有一天，平常不苟言笑、不善言詞的爸爸傳來一張弟弟婚禮上拍的照片，但是我卻一張都沒有入鏡。於是我開玩笑地回傳：「怎麼沒有和我的合照呢？」過了一會，等我忙完工作告一段落準備確認訊息時，看到LINE的紅字顯示十多則未讀訊息。擔心是家中發生什麼緊急事馬上打開後，發現是爸爸傳來一張張從我十年前留學到現在，每一次在機場離別前請路人拍攝與爸爸的全家福照片。

在我從對什麼都想嘗試、一副毫無畏懼的青澀學生臉孔，逐漸因社會歷練而轉為柔和笑容的同時，父母的白髮與眼尾也透露了歲月的推移。我可以想像得到，爸爸在看到我訊息之後，因為沒有整理，也不知道該如何歸類手機相簿的習慣，花了不少時間找照片傳給我的慌張模樣。

我這才驚覺這十年來，原來和家人的合照不是在什麼特別的紀念日，也不是在出遊的觀光景點，而是幾乎都在象徵著再次相聚與離別的機場拍攝。每每想到這一點，我便覺得有些愧疚與不捨。

故事中真實存在的主角淺田政志攝影師曾表示，一般的紀念照大多是在重要的景點按下快門，大家只是剛好聚在一起拍照。但他認為與其等待遲遲還沒到來的紀念日，不如自己創造契機，並堅信攝影能將大家凝聚相連在一起。

這世界存在著各式各樣的家庭，或許不是每個家庭都能拍出像淺田家一樣如此爆笑又令人印象深刻的全家福，但是在快被人們遺忘時，能瞬間喚醒記憶且長保鮮明正是照片的魔力。下一趟回台，我也想嘗試在每個看似理所當然的時刻，紀錄不同場景中我所愛的家人。

日本文化盒

男主角從高中畢業後進入攝影專門學校就讀。專門學校是日本的教育體制特有的高等教育機構，學科相當包羅萬象：影視、餐飲、美容、服飾設計、電腦工程等等。通常為兩年制課程，有專業的師資與密集的實務課程，主要以考取資格證照為目的，畢業後憑著即戰力與豐富經驗踏入相關產業就業。

12

只靠語言根本不夠表達，所以只能寄託在東西上。

言葉じゃ伝えきれないからさ、物に託すの。

《說不出口的愛》
（Silent）

《說不出口的愛》由新生代演員川口春奈與目黑蓮主演，講述一對喜愛聽音樂的高中戀人在畢業之際，佐倉想（目黑蓮　飾）發現自己的聽力開始出現問題，直到上大學時才被正式診斷出往後聽力將逐漸下降至完全失聰的疾病。為了不想讓戀人與朋友們擔心，也無法馬上接受自己即將失去聽力的事實，因而選擇與青羽紬（川口春奈　飾）分手並斷絕所有和高中同窗的往來。直到八年後偶然在車站相遇，紬為了與想對話、了解彼此的想法因而開始學習手語。然而不僅在他們彼此之間，與家人的相處、再次聯繫上的友情等等都面臨各種必須克服的難題。

撰寫這齣話題度破表、惹哭所有影迷的日劇編劇生方美久，其實實際年齡不到三十歲，據說投入編劇這份工作的契機正是因為看了影視界前輩坂元老師的作品。在《說不出口的愛》播出後，收視率節節上升，在劇中作為拍攝景點的咖啡店甚至形成一位難求的粉絲朝聖現象，讓人不禁期待這位編劇往後帶來更多令人眼睛為之一亮的故事。

雖然這是一部純愛劇，但當看到男女主角重逢時，佐倉想拚命忍著淚水、激動地用手語試圖與青羽紬溝通，而紬也因為不懂手語，無法直接釐清想消失的這些年究竟發生什麼事的含淚模樣實在令人揪心，同時我對於劇中家人對兒女自然流露情感的一些小細節更為之動容。

在第八集接近尾聲的橋段，回老家的紬和媽媽坐在餐桌時提到關於想的事情，儘管沒有特別仔細說明，但媽媽仍能從女兒的表情看出她的不安與擔心。媽媽笑著問紬：「如果我說不行，妳會聽嗎？如果我要妳放棄，妳就會放棄嗎？」紬直率地搖搖頭後，媽媽一句：「那就不關我的事囉！」其實就成了當下最大的安慰與鼓舞。

隔天紬準備離開老家回東京住處前，媽媽替她準備了一個人提可能還嫌重的一整袋家常菜。於是她忍不住抱怨：「一回老家行李就會增加的現象，差不多該有個學名了吧！」沒想到換來一句媽媽直白的表達：「父母的心意只靠語言根本不夠表達，所以只能寄託在東西上啊。」被家人突然這麼說而顯得有些不好意思的紬，其實也看得出來心底相當感謝母親的關愛。

看到這幕的日本網友們紛紛在推特表示超有共鳴，讓人想念起父母，其實我也是。每次要準備收拾行李回東京的前一晚，媽媽都會跑來我房間用她獨創的智慧收納法，將所有我愛吃的零食與調味料，還有那些過於繽紛可愛，能讓我在東京路上瞬間成為眾人焦點的口罩硬是塞進快爆開的行李箱中。

「這個要不要順便？」、「要不要多帶個幾盒？」、「不夠我再用寄的給妳」……字字句句與從沒停下來的動作都代表著媽媽的心意。所以回到東京上班後，當被日本同事們說：「Miho妳的口罩好鮮豔喔！」時，我都坦然地回答：「沒辦法，這是媽媽的愛。」

尤其亞洲人較不擅長用言語表達對親人的情感，連我們這一代都可能覺得有些彆扭不自在，更何況是長輩們呢？習慣這樣的相處模式後，或許連「謝謝」與「對不起」也變得難以說出口，取而代之的便是父母動不動簡訊傳來「吃飽沒？」、「有沒有什麼事？」等等萬年不變的問候，或是好像早就料到子女深夜可能會突然想吃頓宵夜，披件小外套就趕緊走進廚房變出一道無可挑剔的暖胃料理。光憑語言確實無法傳遞所有想法，但是一聲發自內心的「謝謝」，我想一定能讓對方感受到自己的心意。

日本文化盒

劇中主角們常約在家庭餐廳碰面用餐，其實「Family Restaurant」是和製英語，泛指客群多為家庭取向的連鎖餐廳。主要供應各種價格實惠的西餐與和風料理，兒童餐選項也非常豐富。尤其是銅板價有找的無限暢飲「飲料吧」特別受到年輕族群與大家庭歡迎。

紬：「一回老家行李就會增加的現象，差不多該有個學名了吧！」

母親：「父母的心意。」

紬：「実家から帰るとき荷物増える現象、そろそろ名前欲しいわ〜」

母：「親の真心。」

13

孩子都希望能被父母表揚稱讚。

子供は親に褒めてもらいたい。

《我家的故事》
（俺の家の話）

傑尼斯團體TOKIO東京小子的成員長瀨智也與鬼才編劇宮藤官九郎相隔十年以上再度攜手合作《我家的故事》，由於這部日劇同時也是長瀨智也宣布告別螢幕的畢業之作，因此播映之前就造成不小的轟動。宮藤官九郎曾公開表示從在構思企劃案的階段時就認定主角必須由長瀨智也擔任。事實上長瀨智也為了接演這齣戲，努力增胖使外型更貼近主角的體態，從裡到外都盡可能詮釋劇中離家的摔角選手。本劇在播出後因細膩刻劃了長照問題與家庭關係而大獲好評，更榮獲了該屆日劇學院賞的最佳男主角、最佳劇本等四大獎，使得長瀨智也在掌聲中光榮息影。

《我家的故事》描述一位和原生家庭幾乎斷絕關係出走二十五年，曾經風光一時卻因年紀與傷勢而逐漸走下坡的摔角選手壽一，在得知被譽為人間國寶的能樂師——父親壽三郎病危並及時趕到醫院後，突然決定要以長子身份接下第二十八代家業的重責大任。

然而事情卻遠比他想象的來得複雜許多，父親在清醒後突然宣布要與年輕貌美的護理師訂婚！自從病倒無法再次站在舞臺上後，家中的經濟狀況已窘迫到入不敷出，更令所有人震驚的是父親開始出現了認知功能惡化、記憶力衰退的問題。

整部戲劇透過重新回到老家的壽一以照顧者及兒子的身份和年邁的父親的互動，探索了現代家庭所面臨的各種問題。在導演與編劇以幽默又不失溫情與現實的表現手法下，展現了家人之間的密切情感。

第一集壽一趕到醫院對著躺在床上昏迷的父親透露一直不敢親口說出的內心話：「孩子都希望能被父母表揚稱讚。」他一直以來最在意的就是不管自己從小多麼勤於練習能樂，甚至在四歲時就登台展現大將之風，父親卻從未誇獎過自己的這件事。平時嚴肅的父親只有在與他一起守在電視前觀看職業摔角比賽時才會發出笑聲、一起熱烈討論賽況。或許是因為如此，即便逃離了繼承能樂師這條一出生就被決定的出路，他仍因為期盼總有一天能站在擂台上被父親誇獎而選擇當一名摔角選手。這一次他之所以主動接下家業，只是希望能在父親醒來後聽到他一聲稱讚。

在記憶中，我的爸爸也與壽一的父親一樣，從未參加過我任何一場畢業典禮或是舞蹈、樂團的成果發表會等等。儘管家裡房間陳列許多積了灰塵的獎狀與獎盃，成績再怎麼名列前茅，我也不曾從他口中聽到「妳很棒」等類似的誇獎。久而久之我也就自然地認為爸爸對兒女的事情漠不關心也毫無興趣。

直到有一次我和媽媽偶然在路上遇到爸爸的友人，那位伯父對我說：「聽說妳在東京發展得不錯喔！妳爸爸逢人就誇獎妳的事耶！」我才第一次有機會知道在他心目中對女兒的感想究竟如何。還記得在疫情間出版第五本書籍時，透過媽媽的輾轉敘述，得知爸爸立刻請家人在網路書店下訂十本。雖然他平常沒有閱讀習慣，每次才翻個幾頁就開始分心闔上書本，不過「聽」媽媽說，他花了點時間總算將整本翻完。

開始經營粉絲團之後，某天突然發現疑似使用爸爸名字作為臉書帳號的人成了我的頭號粉絲。偶爾發表的貼文反應並不如預期好時，也總是率先看到爸爸按讚。有一天我在貼文裡談到自己感冒不適，喉嚨沙啞了一週都還沒康復的事情，沒想到過沒多久就接到媽媽在電話另一頭慌張地慰問：「剛剛爸爸說妳感冒了，妳怎麼都沒講？」這下我總算確定那位頭號粉絲就是爸爸本人。

雖然他沒有留言過，我也始終無法鼓起勇氣問他對於我寫的文章內容的看法，不過我想那就是他表達關心的方式，戳破刻意去問的話反而會讓彼此尷尬。所以我決定繼續寫，只要繼續寫，我就知道他正默默支持著。

或許是因為上一代教育的方式不同，台灣長輩們大部分都較吝嗇彆扭於在兒女面前稱讚兒女。可愛的是，他們在其他人面前可能把自己的孩子捧到簡直想要讓全鄉里的人都知道有多棒。就算沒有達到那些普遍被認為是出人頭地的境界，父母還是會偷偷地收起你出社會的第一張名片、剪下你第一篇被刊登在報紙上不起眼位置的小報導、見一次面就宣傳一次要婆婆媽媽朋友們都去你開的咖啡店捧場。在父母心中，無論成就大小，孩子永遠是最值得驕傲的。

日本文化盒

在《我家的故事》中可以學到不少關於日本「能劇」的知識。無論是每張面具的意義或代表性的經典劇目等等都能略知一二。表演能劇的木造舞台稱為能樂堂（能舞台），過去能劇在開放式的戶外空間演出，因此設有屋簷，即便到了近代移至室內仍延續此種舞台風格。至於舞台正面繪有巨大的松樹則是因為能樂本身作為供奉神明的傳統藝能，而自古以來松樹就被視為神樹，藉此象徵了舞台為神聖的空間。

14

什麼叫做支持我、幫忙我？我們不是該一起學習、一起成為父母嗎？

サポートって何？手伝いなの？一緒に親になるんじゃなくて？

《月薪嬌妻》
（逃げるは恥だが役に立つ）

《月薪嬌妻》最令人感到意外的結局，大概就是真的促成了新垣結衣與星野源在現實生活中結為夫妻。如此天大的消息不知道讓多少男粉絲痛哭流涕之餘，只能默默祝福國民老婆從此幸福美滿啊……

由漫畫改編的《月薪嬌妻》，敘述一位擁有美貌與高學歷的森山實栗（新垣結衣　飾），工作運卻不如想像中順利。在放棄投履歷與面試的求職無限循環後，於父親的介紹下每週前往生活稍嫌單調，個性有些木訥的工程師津崎平匡（星野源　飾）家打掃以賺取生活費。

然而兩人竟然一拍即合，達成協議同居並簽訂「契約婚姻」。從此實栗的工作就是替平匡打理好所有家事，而她的薪資則由丈夫平匡來支付。無任何愛情成份的兩人同住在一個屋簷下要如何不被周遭的人揭穿？還是會日久生情點燃情愫呢？

看似荒謬的故事設定，在演員們的生動演技及令人點頭如搗蒜的台詞下，道出了許多主婦、單身族、LGBTQ及上班族的心聲。其中最讓我印象深刻的，是完結篇播出後睽違四年推出的SP新春特別版。自從實栗懷孕後，身為新手爸媽的兩人在一陣手忙腳亂之中一一闖關。首先會遇到的問題就是得到區役所正式登記入籍，目前日本法律仍然規定日籍夫妻需統一同姓，因此在男尊女卑的日本社會體制下，絕大部分的女性還是會選擇在婚後更改為丈夫的姓氏。一旦更改，護照、健保卡等所有重要資料都需要辦理更改手續，不僅費時又得花上一筆錢，但最麻煩的就是得在職場告知一聲。我曾聽過朋友說她的日籍女上司某天突然更換了姓氏，同事們以為是喜事便紛紛向她祝賀，沒想到其實是因為離婚而改回原本的姓氏，不只當事人尷尬，周圍的人也不知所措。

再來要面臨的就是向公司請產假與育嬰假。劇中，實栗的女同事們討論著近期有女同事準備請產假，考慮到不影響或加重其他同事負擔，若有另一位女同事有計劃生育，就必須避開重複請假的時期。此時實栗便說：「為什麼連生小孩都要等待時機排隊呢？」另一方面，在平匡的公司也遇到了主管遲遲不首肯讓平匡請育嬰假的窘境，認為請假是一種對工作不負責的表現。好在前輩站出來替平匡說話，不但展現出職場的說話藝術使主管不會失去面子，也點醒公司的義務就是得時時刻刻做好風險管理，才能讓長期休假員工們再度安心回歸職場。

當平匡得知實栗有了身孕後，除了一開始因為害怕大過於興奮期待而不自覺露出平淡的「鹽反應」表情讓太太相當不安，更因為他一句：「關於孩子的事，我會盡全力支持妳、幫忙妳。」的鼓勵造成了最大的反效果，惹怒實栗說出：「什麼叫做支持我、幫忙我？我們不是該一起學習、一起成為父母嗎？」一語道破大多數現代的準爸爸依然認為自己在另一半懷孕、生產、育兒的過程中是扮演著「扶持輔助」的角色。然而對從自己懷孕那刻起，身心就會開始產生極大變化的女性來說，所有的經歷同樣都是第一次，所有大小事都得從零學起與面對。

隨著身邊朋友逐漸到了適婚與考慮生兒育女的年紀，常常聽到嫁來日本的朋友們忍不住抱怨另一半在婚後仍以工作優先為由，將照顧小孩的責任幾乎交由女方扛起的事情。在台灣的話，或許還有親朋好友能作為強大的後盾，但是在日本並沒有請上一代長輩幫忙照顧小孩的風氣，雇用保姆還可能被認為是不稱職的家長，將未滿兩歲的小孩送去幼兒院也可能因孩子突然身體不適，隨時得放下工作趕去接送。最後無法同時兼顧事業與育嬰的媽媽們，不得已只好選擇離開職場，完全踏入家庭的例子真的不勝枚舉。

我的女性朋友曾淡淡地提起丈夫不願申請育嬰假，就怕引起同事不滿與影響升遷，就算遇到小孩發燒或因防疫臨時全體停課也不想請假配合。丈夫還曾簡訊傳來一句：「我不能請假，妳自己處理。」看著無助與疲憊全寫在臉上的朋友，除了心疼，還是希望她不要因此默默忍受。

男主外女主內的時代已過，但是即便存在著看似公平的權益，仍因周圍的輿論壓力與成長家庭背景的影響等看不見的因素，讓權益依然難以百分百貫徹實行。但最重要的還是願意與另一半達成共識與溝通，畢竟組織一個家庭，從來就不是光憑一個人能做到的事。

日本文化盒

日本有孕婦在懷胎五個月左右進入穩定期時前往神社參拜祈求安產的習俗。在SP新春特別版裡，實栗與平匡及平匡父母一起到神社祈願安產。神職人員在奉上祝詞結束儀式後遞上了一塊腹帶與御守用來守護母子平安。

15

和孩子度過的時間，也是屬於自己的時間。

子供との時間も自分の時間なので。

《白兔玩偶》
（うさぎドロップ）

「白兔玩偶」是一部由日本漫畫家宇仁田由美創作的同名漫畫所改編的真人電影。主演分別為有演技派變色龍之稱的松山研一以及上映當時年僅七歲的天才童星蘆田愛菜。

自從看過松山研一在《死亡筆記本》裡令人記憶猶新的奪目形象與在《重金搖滾雙面人》裡如同一人分飾兩角的震撼反差後，我就深深對這位沒有任何偶像包袱的演員滿是好奇。甚至還曾在他來台宣傳《挪威的森林》時，在網路上約了一位素昧生平的女粉絲一起翹課跑去松山機場接機（好啦，我承認自己不是那種會拿全勤的好學生）。

故事從二十七歲的單身男子大吉開始，他在回鄉參加祖父葬禮時遇到一位似乎是祖父私生女的六歲小女孩凜。由於親戚們相互推託照顧凜的責任，大吉也不忍將凜送進育幼院，於是便決定扛起重責大任擔任凜的監護人，開啟一連串時而溫馨感人、時而令人捧腹大笑的苦苦探索的育兒之道。

在相處過程中他們遭遇了來自周圍環境的歧視和偏見以及兼顧工作和育兒的雙重壓力，儘管如此，大吉仍願意付諸行動努力成為凜認可的合格監護人，並與周圍伸出援手鼓勵的友人一同見證她的每個階段的成長變化。

在大吉把凜接回家一起生活後，第一個面臨的問題就是必須每天到幼兒園接送凜。由於大吉在職場身為小主管，雖然能將部份工作交給後輩們處理，但仍然常常因為趕到學校時早已天黑而覺得愧疚，漫長的通勤通學時間也明顯消耗了兩人精神體力。因此他主動提出申請調動到可以準時下班的部門，下定決心凡事以凜為第一優先。

某天大吉在員工餐廳向也曾因考量照顧小孩，最後選擇調派到其他部門的近藤小姐傾訴育兒煩惱。他問：「妳有沒有想過，自己為了孩子犧牲了很多呢？」沒想到卻得到了「我好像也沒有為孩子奉獻那麼多。不過，和孩子渡過的時間，也是屬於自己的時間。」一句讓他陷入沈思卻也恍然大悟的真摯回答。

三年多前家族裡多了一個美妙的小生命，我的姪女誕生了。第一次見到她時，她還只是個躺在嬰兒床裡用充滿好奇的水汪汪雙眼看著周圍的寶寶。疫情過後等我終於再次回台時，她已經成為既調皮卻又貼心到心坎裡的小女孩。

「姑姑，我知道妳是誰，我認識妳。我好想妳。」這是她在機場對我說的第一句話，下一秒她便用溫暖的擁抱消解了我這一路的舟車勞頓。

在這兩三週期間，唸故事書、逛水族館、拍背哄睡、畫畫、公主遊戲、接送上下課，甚至在全家人都不在時一邊開視訊會議，一邊單打獨鬥等等，我幾乎想頒發一張「最佳姑姑」獎狀給自己。但是在一旁近距離觀察我媽媽身兼老闆娘、妻子、母親、阿嬤的角色，以簡直能用出神入化來形容她的時間管理術之後，我也只能甘拜下風。

有一天哄完姪女進入夢鄉後，媽媽坐在床邊開始聊起過去如何將我和弟弟養育帶大的回憶。我父母自營從商，然而我卻在他們最慌亂、最需要奮鬥打拚的創業初期出生。想當然，爸爸光是成天往外跑做生意與應酬就分身乏術，媽媽則是不管挺著大肚子或是卸貨之後都得一個人顧店、處理會計與包辦所有家務事。如果爸爸招待朋友或客戶來店裡喝茶吃飯，她還得趕緊騎車到市場購買食材備料。緊湊的生活步調讓她根本沒辦法好好坐月子修復身體狀態。然而為了迅速恢復原來的體型，她只好趁著全家人都還在熟睡時到海邊晨泳，有時候也會偷偷在海裡流淚，海水與淚水參雜的鹹味或許很難用精準的詞彙形容。

我忍不住問她：「妳都累成這樣了，為什麼那時候還想生第二胎？」媽媽淡淡地說：「因為我不想讓妳感到孤單，想要讓妳有個伴陪。」第一次從她口中聽到這個答案時，我先是震撼，又覺得萬分感謝。仔細想想，她從未在兒女面前用犧牲與貢獻表現半點委屈，也從來不說「我都沒有自己的時間」類似的抱怨。倒是常在曬衣間和我說：「我終於忙完大家的事情，可以來洗衣服了。」

那句不經意的話總讓我感到心疼，卻也感受到無窮的愛。父母對孩子的愛，一直都是不求回饋的真心付出。

日本文化盒

電影裡出現多次的手機款正是日本傳統的掀蓋式手機（十年前我留學時也有一台）。

或許掀蓋機給人重看不重用的印象，不過其實在二〇〇〇年左右，這類手機就已經包含3G網路服務，看影片、買車票或收郵件都不成問題。雖然隨著智慧型手機的出現後，這類型的手機便失去市場優勢，但卻仍未完全消失。反而進化改造成半智慧型手機，甚至當今討論度極高的折疊式智慧型手機也能看到一絲掀蓋機手機的影子。

16

說著說著，想實現的願望就會朝你靠近。

言ってるうちに、願いは向こうから近づいてくる。

《塾底辣妹》
（ビリギャル）

《塾底辣妹》的原著是根據真實經歷所改編的暢銷作品，而作者正是坪田老師，一位從未放棄過任何一位學生、鼓勵他們考上理想大學的補習班班主任。不同於原著，電影版更著重以考生的角度，描繪自身的心境變化與和老師之間相互信任的關係。

故事描述了彩加（有村架純　飾）自從進入一所中學認識了一群喜愛打扮與玩耍的閨蜜後，從此將課業完全拋到腦後。直到一次校園事件被處以「無限期停學」時，母親明里（吉田羊　飾）擔心女兒會錯失內部升學的機會，因此提議讓彩加去補習班衝刺報考其他大學。

當彩加染著一頭金髮，身穿低胸露肚服裝出現在補習班時，坪田老師（伊藤淳史　飾）雖然嚇得目瞪口呆，但仍隨即以樂觀積極的態度開始挖掘這位知識水準僅及國小四年級的女孩的學習潛力，並且促使彩加湧起想報考名校慶應義塾大學的渴望。

儘管學校班導對她不屑一顧，甚至連父親也勸她打消這個不切實際的念頭，但是在坪田老師耐心教導下，彩加的成績逐漸進步。母親為支付補習班學費四處打零工，閨蜜們也因為感受到她不眠不休讀書之餘還得顧及與玩伴相處的時間，決定在考試結束前不再見面，讓她更能全力衝刺。多虧了身旁眾人的打氣以及她因為不想再被看不起而展現的毅力，最終她如願考上理想的學校。

劇中有許多帶來希望與勇氣的台詞，例如「知道了自己不懂的地方，僅僅弄明白不就行了嗎？」、「把目標降低一次，就會越來越低」、「不管周圍人怎麼說你不行，充滿自信地繼續說出你的夢想的力量，不怕嘲諷和失敗勇於挑戰夢想的力量，對我來說是多麼耀眼」、「之所以有壓力是因為你有可以成功的自信」等等，每一句都讓我想起自己在高三那年準備考大學的日子。不過讓我在看完後仍徘徊在腦海中的片段，其實是當坪田老師問起彩加的志願校時，他提議東大，卻被彩加以「聽起來就只有宅男吧！」的理由立即拒絕。接著，老師抓住她在意的要點，立刻再搬出給人「帥哥集中營」印象的慶應義塾大學。雖然此時的彩加對自己毫無自信，但老師明確表示自己的職責就是將學生送進他們想念的大學，而第一步驟就是寫下志願。他說：「隨時將自己的目標掛在嘴邊，說著說著，想實現的願望就會朝你靠近。」這句話彷彿有魔法般的力量，讓彩加開始願意努力嘗試。

在高中時代，我的成績算是普通的。不過或許是因為從小就開始學習英語，以及在還不太識字時就已養成閱讀故事書的習慣，因此在英文和國文方面基本上不用太操心，相較之下數學與自然一直都是我的弱點。由於對學校制度多少抱持疑惑，又正值叛逆期，在確定自己的分數足夠順利畢業後，就會以一些猜題的小撇步讓自己不擅長的科目至少能低空飛過。

當時我唯一的志願就是後來就讀的世新廣電系電影組。然而，在學測成績出來後，立刻發現自己離錄取門檻還得比現在更拼命才有可能，班導甚至建議我填選絕對有把握入取的私立大學語言科系或是一些競爭力較低的公立大學冷門科系。雖然每天放學與週末都在無聲的圖書館度過的日子非常煎熬，但是我也不禁思考：「那些真的是我想念的學校嗎？我難道就應該因為覺得累而選擇逃避嗎？」

正當我感到猶豫不決，也不知道該怎麼和要好的同學們傾訴時，有一天我不知道哪來的勇氣，敲門走進教職員室，找到那位看起來總有點距離、兇起來時會令人不敢抬頭回看的美術老師，以及總露出溫柔微笑、講話輕聲細語的輔導老師。

「我想要念電影相關學系，可是我不知道該怎麼辦……」我老實地和兩位老師吐出煩惱。

「不然，妳要不要去一趟想考的那間大學，看看環境如何？」聽到老師的提議後，那個週末我專程從基隆坐客運到景美，帶著緊張的情緒走進校園的山洞口。正好看到學生們在拍攝影像作品，頭一次近距離看到錄音、燈光、攝影設備，所有人都屏氣凝神的注視著鏡頭前的演員。幾秒後，導演一聲「卡！這顆OK。」團隊們又趕緊準備下一場內容。看著這一連串短暫卻一氣呵成的現場拍攝過程，我更加確信了自己不只想做一位觀眾，而是想進一步了解電影世界的慾望。在那次校園探訪後，我決定不再選擇逃避困難，而是勇敢追求自己的目標。

當我向班導表示放棄學測個人申請，想拼拼看指考時，她顯得相當不以為然，但這反倒激發了我想以成績證明自己的動力。接下來的日子，我投入更多的時間和努力準備考試，我把家裡的浴室與房間的鏡子都貼滿數學公式和英文單字，某天在擁擠的公車上一手捧著歷史課本時，有位婆婆堅持讓我坐下好好唸書。另外，在放學後也去聆聽補教界名師的數學課程，週末則特地請朋友教導如何解題。同時，老師也贈送了我幾本電影相關書籍，每當我稍微想轉換情緒時就會隨手翻起，試圖讓自己產生動力。

儘管放榜成績比我預期中高，無論周圍的同學如何看待，我仍然決定將自己的目標填在志願序上的第一順位，並且不打算填滿一百個志願。此舉引起班導的不滿，她說：「妳是傻子嗎？到底在想什麼？」這也是我最後一次與她交談。後來我聽學弟妹們說，畢業後那位班導仍然在課堂上經常提起「某位傻子學姊的事情」以警惕其他應考生。

即使出社會後，我並沒有繼續朝影視相關的路發展，但我從未對學習電影感到後悔。

這段經歷不僅讓我成為了一名電影愛好者和創作者，更讓我懂得了追求夢想的勇氣和決心。事實上，劇本寫作和各種拍攝經驗都讓我能實際應用在採訪、團隊管理及文字創作上。如果能再回到過去，我想我依然會做出一樣的選擇。非常感謝當時家人即使擔心女兒的未來，仍然願意支持並相信我的選擇。同樣地，我也非常感謝那兩位老師，他們傾聽我的煩惱並給予意見。至於當初不看好自己的班導，我也由衷感謝她，正因為出現不同意見，才更想證明自己能做到。

日本文化盒

在日文單字裡有「言靈」一詞。意指言語的靈力，相信言語本身具有靈魂。因此若時常抱持樂觀態度使用正面積極的言詞，那麼想達成的目標就會實現，好事也會接著發生。反之，若經常使用負面用詞，即便只是一點抱怨或調侃自己，都有可能讓事情變得更糟。

17

比起美好的記憶，不好的記憶更容易被保存下來。拘泥於不好的記憶的人，會走上錯誤的路。

いい記憶よりも、悪い記憶のほうが、ずっと強く残るんです。悪い記憶にとらわれると、ひとは道を踏み外す。

《掟上今日子的備忘錄》
（掟上今日子の備忘録）

由推理輕小說改編的《掟上今日子的備忘錄》，是新垣結衣與岡田將生繼《王牌大律師2》後第二次合作搭檔的作品。不同於原著小說，日劇版加了許多兩人之間的戀愛橋段，這對賞心悅目的清新組合替此劇加了不少看頭，令人期待每一集隨著日久生情的情感發展。不過於囉唆說教，能在輕快節奏的劇情中體悟如何珍惜把握無法重來的每一天也是我很喜歡這部日劇的原因之一。

被稱為「忘卻偵探」身兼置手紙偵探事務所所長的掟上今日子（新垣結衣　飾）僅有一天的記憶，只要睡醒就會失去昨日所有記憶（即便只是打瞌睡），因此她不接受預約，僅受理必須在當日解決的事件。也因為這項特異的體質，她能完美地替警方與案件相關人士保守秘密。

她在辦案過程中遇到了一位四處打工，聲稱自己人生從沒順遂過的隱館厄介（岡田將生　飾）。厄介不只常常無緣無故被捲入案件之中，被誤會為最大嫌疑犯已是家常便飯。好在每次在今日子的冷靜精闢分析後才讓他洗脫嫌疑、還他清白。

然而最大的謎團其實是今日子自己。每天她只要睜開雙眼就會在自己房間的天花板上看到斗大的字跡寫著「從今天起妳就是掟上今日子的備忘錄，以偵探的身份活下去。」究竟是誰寫的？是誰賦予她現在的身份？過去的她發生了什麼事？漸漸對今日子產生好感的厄介開始好奇想解開謎團。

第二集後半段講述一名人氣漫畫家被偷了一百萬日幣，犯人在網路上威脅若想拿回一百萬就得拿出一千萬取回。明明是任誰聽了都覺得不合理的條件，漫畫家卻打算乖乖按照犯人的指示，這全是因為她不僅對於誰是犯人心知肚明，也比誰都理解那一張張萬円鈔票的無限價值。

漫畫家擁有一批協助製作的團隊，其中和曾一起度過許多難關的得意助手紗流感情最要好。有一天因為自己狀況不佳，當被助理主動詢問是否需要協助時，她冷冷丟了一句無心的話卻造成最大的傷害。而助理在那之後捲款消失，興起刪除所有漫畫家至今為止尚未發表的創意點子的念頭。雖然在按下「刪除」鍵的緊要關頭時她即時清醒，卻也讓這段累積多年的革命情感劃下句點。

曾身為團隊一員的厄介不禁感慨過去兩人明明擁有許多美好回憶，卻因一句話而反目成仇。今日子回說：「比起美好的記憶，不好的記憶更容易被保存下來。拘泥於不好的記憶的人，會走上錯誤的路。」

在我學生時代身旁有一對無論做什麼事情都一起行動的女生朋友，兩人的穿搭與散發出的氣質都非常相似，個性也都屬於想到什麼就做什麼的熱血行動派。例如考到駕照後隔天一路開夜車到墾丁參加春吶音樂祭、得知一方失戀時就買兩罐啤酒坐在河堤旁靜靜地陪伴、畢業前夕還在教授睜一隻閉一眼的默許下，用好不容易兼差多份打工存來的錢前往日本畢業旅行，一同經歷似乎那些稱得上青春的回憶。

畢業後老家都在南部的兩人決定留在台北同居打拚，一個考上了空服員，一個則開始繪製插畫自由接案，經濟狀況較有餘裕的空服員願意負擔多一些房租，而插畫師也自願打理全盤家務。有一天空服員總算結束長途航班，打開家門準備卸下一絲不苟的儀容時，看到玄關旁的垃圾桶積滿快溢出的垃圾，走進廚房又看到成堆未清的碗盤放在流理台上，此時卻只見插畫師躺在床上看漫畫，甚至沒注意到她的敲門聲。「妳有時間看漫畫卻沒時間打掃嗎？」夾雜著工作上累積的壓力而宣洩出來的話頓時讓空氣顯得僵硬尷尬，插畫師默默開始收拾卻始終一句話也沒回應。

後來在一次聚會上我才透過其他同學得知總是形影不離的她們已經斷絕往來幾年，插畫師後來隻身到東京進修展開新生活，持續經營的社群平台也逐漸獲得關注與接踵而來的工作邀約。或許是基於愧疚和放不下的自尊心，空服員雖然有一直在追蹤她的動態，但也僅此於此。直到偶然滑手機時看到插畫師一系列新發表的作品，那一張張插圖裡出現的人事物和背景，畫的正是只有她們自己才知道的回憶。

前陣子看到空服員更新了一則IG限時動態，兩人一起在櫻花樹下乾杯的快樂模樣讓我想起了她們勾著手走在校園的背影。或許那句令人難過刺耳的話會對彼此留下傷疤，但至少談起那道傷疤時不再帶有憎恨，而是輕輕地以「吼，妳都不知道妳那時有多過分！」、「哎唷好嘛對不起啦！」的玩笑方式帶過。

日本文化盒

第二集中今日子在書店尋找《改心刑》一書的「文庫本」，而非同樣內容但已翻閱過的「單行本」。文庫本（口袋書）在日本所泛指的是手掌大小方便攜帶，價格較為便宜的小尺寸書籍，而單行本則是以硬皮的封面裝幀出版的新書為主。「文庫本」能夠供應大量購入需求也方便讀者成套收藏，其中又以小說與散文類型最常見。現在不少文庫本也會採用改編自小說且確定上映的電影海報作為書籍封面來吸引粉絲與讀者購買。

18

同樣是自尊，現在我更在乎的是驕傲。
只要對自己的工作感到驕傲，
不管遇到什麼事情都會變為成就感。

同じプライドなら、誇りのほうを大事にしたいと思っています。
自分の仕事に誇りを持っていれば、どんなことでもやりがいに変わりますから。

《騎上獨角獸》
（ユニコーンに乗って）

本劇以創業夢想為故事主軸，永野芽郁飾演一位二十三歲便成立一間開發教育類應用程式的新創公司的CEO成川佐奈。儘管她自幼家境清寒沒有就讀大學的機會，但她在一次旁聽的大學講座上聽到憧憬的創業家羽田早智（廣末涼子　飾）給予正面的回應，激發了她想創業的勇氣。佐奈希望藉由科技的力量，提供人人有平等接受教育的機會。公司在初創階段吸引了相當多關注，但成立三年後，企業成長速度停滯，甚至面臨用戶減少的問題，投資者對公司施壓不斷。就在這個關鍵時刻，一位年近五十，在銀行業界度過了一半人生的中年男子小鳥智志（西島秀俊　飾）突然轉職到佐奈的公司。儘管最初免不了碰上年齡差異代溝帶來的許多問題，但也同時為公司帶來了新氣象並嘗試更多可能性。而一直守護在佐奈身旁的創業夥伴兼CTO的須崎功（杉野遙亮　飾），卻礙於工作關係一直找不到適當的時機表達自己對佐奈的心意。

《騎上獨角獸》雖然是一部職場劇，但宣傳文案上可是寫著「大人的青春物語」。的確，所有主要角色設定都是介於二十代到近五十代的社會人士，雖然背景與經歷截然不同，但是他們都懷抱著即使不被看好也想挑戰的夢想，而非因為害怕失敗才退而求其次選擇安定，且內心都仍渴望愛情。

在第二集當小鳥第一天到公司報到上班時，從早上的會議開始馬上就出現了許多他完全不熟悉的IT用語，而且由於他還不習慣隨時確認群組訊息，因而漏看了社長的緊急聯絡。最令人的傻眼的，是小鳥將社長吩咐確認有無漏字及錯字的資料修正影印後放進了「透明資料夾」，而不是社長指的「雲端資料夾」。然而，這一連串的錯誤對小鳥絲毫沒有造成任何打擊，CTO終於忍不住問他：「你沒有半點自尊心嗎？」小鳥回答：「同樣是自尊，現在我更在乎的是驕傲。只要對自己的工作感到驕傲，不管遇到什麼事情都會變成就感。」這句話不但展露作為人生前輩的包容度，也體現了小鳥對待新工作的積極進取態度。

我目前在一家新創公司上班，公司的社長在二十四歲時創業，他曾在大學休學一年環遊世界一周。起初他以為出國可以增廣見聞，沒想到在旅途遇上的外國人問他日本的魅力時，他卻一句也答不上，這才讓他驚覺原來自己至今從未好好認識日本文化。於是在他回國後立刻展開一場日本之旅，觀察每個地方的特色與人文風情，這次的經歷也成了他想透過媒體的力量將日本的文化價值傳遞給外國旅客的契機。

公司成立十年以來，大多數的員工年齡層都集中在二十代到三十代前半之間，不過最近首次有一位四十五歲的爸爸加入團隊。他曾在日本一家極具代表性的高級飯店任職十八年，一般來說，他可以繼續待在那裡穩步上升，擁有穩定的收入。因此當他提出辭呈選擇跳槽到一家只有三十名員工的小公司時，他完全無法得到妻子的理解與支持。

這位同事表示，雖然在知名飯店工作聽起來很令人稱羨，但是他待在那裡沒有辦法選擇自己真正想嘗試的事情。這十八年來他心裡始終覺得悶悶不樂，好像少了些什麼。自從他加入了我們的團隊後，憑藉著他過去豐富的經驗與職人精神，在許多場合都提供了最實際的意見和觀點。他說：「現在來到這裡，是我人生最大的挑戰。」

如果你身邊有人敢說出自己的夢想，即使你不認為他做得到，也請不要嗤之以鼻。因為光是鼓起勇氣拋開自尊說出來就已經先踏出了一大步。雖然我還不知道自己未來二十年後會想嘗試做什麼，不過如果可以的話，我還是想繼續學習新事物，接觸各式各樣的人，並且從中找到只有自己才能體會的成就感。

日本文化盒

日本職場文化的眉眉角角相信大家都多少耳聞過，其中最基礎的就是交換名片的禮儀。第二集佐奈帶小鳥一起去拜訪投資方的公司時，受過社會歷練的小鳥非常恭敬的遞出名片，卻反而讓年紀較輕的投資方顯得尷尬的原因正是因為普遍在日本職場認為付款方（客戶）的地位高於收款方（受託）。因此在交換名片時，必須將名片放在比對方遞名片更低的高度以表尊敬。

19

這道料理，是無法用星級評價的。

この料理に、星はつけられないよ。

《深夜食堂》
（深夜食堂）

《深夜食堂》是一部由日本漫畫家安倍夜郎的漫畫所改編的日劇。這部日劇講述在東京繁華街區新宿的小巷弄裡，一位深夜時分經營一間無名小食堂的老闆的故事。主人公是一名身份年齡不明，臉上有著明顯刀痕的老闆。店內斑駁的牆上雖然貼著豬肉定食、啤酒、清酒、燒酎這四種菜單，但老闆的經營方針是讓客人自由點菜，只要是他能做出來的料理就會想盡辦法端上桌。他做的食物不僅美味，還能引起客人們的共鳴。

每集故事都圍繞在不同的常客與偶然前來光顧的客人，他們在深夜掀起暖簾來到食堂，與老闆及其他客人互動、分享自己的故事，並品嚐老闆精心烹製的料理。劇中角色們從脫衣舞孃、上班族、警察到黑社會份子等等，每個人的故事都是獨特且感人的。

《深夜食堂》探討了飲食和人生的細膩連結，劇中不僅展現了日本飲食文化的豐富多樣性，還透過每段平易近人的溫暖小故事，描繪現代日本社會在被規矩與群眾壓力束縛的白晝以外真實的樣貌。目前電視劇共推出五季

（至二〇一九年為止），電影版及其續集也分別在二〇一五與二〇一六年上映，韓國與香港等地也曾改編翻拍，其影響力遍及國際。

在第一季第五集裡，敘述一位知名美食評論家戶山先生在認識的攝影師帶領之下來到深夜食堂。吃慣高級料理的他一開口就說「久違來杯日本啤酒，味道還是很不錯。不過要是有紅酒就更好了。」等等讓在場其他客人聽了會露出嫌惡眼神的發言，店內也因此瀰漫著尷尬的氣氛。直到街頭歌手五郎先生走進店家點了一份奶油拌飯，並以一首悅耳的演奏作為酬謝後才再度熱絡了現場的氛圍。

在那之後，美食評論家每週四都會獨自到食堂品嚐奶油拌飯，為的就是等待其實正是親姐姐難忘的戀人五郎先生的出現。原來在他年輕時，經常與姊姊以及五郎先生窩在房間一起吃飯，也教過他吉他。而當時姊姊做給他們的料理就曾出現過奶油拌飯，雖然質樸簡單，卻因為伴隨著歡笑幸福的回憶至今才仍念念不忘。

戶山先生在與五郎先生成功相認並促成與姊姊再續前緣之後，他帶著助理到食堂吃飯，助理看到老闆吃得津津有味，以為這道其貌不揚的奶油拌飯是要在雜誌上推薦的料理。此時戶山先生笑著說：「這家店我才不想推薦給其他人呢。而且這道料理，是無法用星級評價的。」

今年春天返台回基隆老家時，為了想多安排點時間重新認識這座新舊並存的海港城市，白天遠端作業結束後我就會關上電腦到市區隨意找間小吃店享用午餐，再搭乘公車特地造訪躺在口袋清單已久的咖啡廳撰稿。

撐著傘在綿綿細雨中等待綠燈時，忽然聽到對街麵攤老闆娘傳來中氣十足的招呼聲，同時以熟練有規律的節奏切著小菜。幾張簡陋的折疊桌與圓凳鐵椅，白色看板上以正楷紅字寫著「餛飩湯、陽春麵、各式小菜」，一切都和十多年前記憶中一樣，唯一變的是因長年的駝背讓老闆娘的身影看起來更小了。

「老闆娘，我要一碗餛飩湯麵，還有一份燙青菜跟吉古拉。」我決定坐在熱氣騰騰的煮麵湯爐前的座位。此時老闆娘停下手邊的動作對我說：「妳是……？妳可以把口罩拿下來一下嗎？」我照著她的話拉下口罩後，她的眼神從疑惑彎成一條線。

「哎呀，是妳啊！不是去日本了嗎？回來放假啊？有沒有想念我煮的麵啊？」

由於高中就讀台北的學校，每天都得搭火車通學，放學回到基隆時早已飢腸轆轆。但因為趕著去晚上八點就關門的圖書館唸書，在不算充裕的預算之下，味道中規中矩、出餐速度又快的實惠麵攤成了我的首選。

儘管我和老闆娘從未知道彼此的名字，也不會多做交談，但是久而久之她就記熟了當年我這位高中生熟客的用餐喜好。小菜不放辣醬，薑絲多放一些，湯不用倒太多等等，「今天也一樣嗎？」只要她看到我點頭，就會抓起麵條放進撈麵網。

十多年過去了，如果你問我那碗餛飩湯麵到底好不好吃？我的回答是肯定的。但那絕不是能以分數評價，因為碗裡所醞釀的溫情是怎樣都無法複製的回憶之味。

日本文化盒

奶油拌飯是一道任誰都可以輕鬆簡單完成的料理。在白飯上放一塊奶油，稍微等待奶油融化後，再淋一點醬油即可食用，若灑一些柴魚片或海苔更能增添風味。這道料理在北海道特別廣受歡迎，據說是因為近百年前當地工廠開始製作奶油時，西方的飲食文化尚未滲透民間，因此搭配每日會出現在餐桌上的白飯的吃法便逐漸普及。

20

人生就是像這樣充滿了無數意義深遠的邂逅。

人生って往々にして、そういう意義ある出会いがあるってこと。

《First Love 初戀》
（First Love 初恋）

在強勢洶洶的韓劇潮流之中，《First Love初戀》以清新脫俗之姿博得大批觀眾喝采與淚水，甚至不少人看一次還嫌不夠，完全沈浸於淒美動人的氛圍，讓一度乏人問津的日劇再度受到亞洲矚目，因而被稱為二〇二二年的神劇之一。

《First Love初戀》以宇多田光的出道經典歌曲〈First Love〉作為靈感來源，劇情穿插描述一九九〇年代男主角並木晴道（木戶大聖　飾）和女主角野口也英（八木莉可子　飾）的相遇熱戀，懷抱夢想與相信永恆，卻因為一場意外而斷緣的青春時代。在二十年後的二〇一八年，過去身為駕駛戰機的飛行員卻因一些說不出的苦衷，選擇過著生活作息日夜顛倒的大樓守衛且即將訂婚的晴道（佐藤健　飾），和曾有過一段看似令人稱羨的婚姻，重新獨立生活後為了維持生計而成為計程車公司裡唯一一名女性駕駛的也英（滿島光　飾），兩人宛如命中註定般偶然重逢的故事。

在充滿賺人熱淚的哭點與直戳人心的台詞的第八集中，令我最印象深刻的是當男同事旺太郎在眾人面前豁出去向野口也英告白被拒絕後，於車站道別前為了讓女主角正視自我內心的想法，不去選擇逃避或讓自己後悔所說的一番話：「你也許會覺得我把這叫命中註定是誇大其詞，但是人生就是像這樣充滿了無數意義深遠的邂逅。」他娓娓道來自己當初在某個一如往常的平日，於辦公室初次見到野口也英後的心境變化。即便知道這份心意或許只能默默藏在心中，但綻放在心底的情感卻能讓平凡無奇的生活產生莫大的期待與喜悅。就算在旁人看來只是再微乎其微的轉變，只要對自己來說是一段意義深遠的邂逅就足夠了。

之前睽違近三年終於能在疫情穩定後回台時，我在一場多位朋友參加的聚餐中見到了十年以上沒見面的初戀。「妳怎麼之前都沒約我？這十年來，妳都在做什麼啊？」當他就座後喊我的本名，那瞬間真的勾起許多酸甜滋味的回憶。

我和初戀對象是在國小時認識，小學生情竇初開的戀愛當然不會有什麼轟轟烈烈的往事，我們甚至從來沒好好聊過天，光是在同學們的慫恿之下合照，或是下課鐘響在走廊角落偷偷遞上交換日記都已經緊張得要命。原本以為這段根本還不算開始就結束的小情小愛會這樣隨風消逝，沒想到卻在高中時偶然再次相遇。

面對突然身高挑高、必須努力抬頭才能仔細觀察輪廓，正以木吉他專心彈著柔和樂曲的他，「我還想再多認識他一些」心裡悄悄地冒出了這樣的想法。有段時間我們經常一起去大學的圖書館唸書，當不管把課本翻了幾遍還是一竅不通想喘口氣時，就會沿著校園散步，偶爾背起吉他彈唱，甚至還和幾位朋友一起組了不算認真卻百分百盡興其中的樂團。對當時正值升學壓力的我們來說，音樂似乎就是最大的出口，也是唯一共同的話題。

雖然後來我們都意識到也許把對「初戀」的美好回憶留在過去比較好，而決定往後以朋友身份相處，但是那段除了專注於學業，只需要把自己完全交給音樂、只要站在屬於我們的小舞台上就滿足的日子至今在腦海裡仍顯得閃耀。

不曉得因為《First Love初戀》這部日劇，讓多少人在觀看過程中想起了一段青澀回憶，又或者鼓起勇氣，嘗試聯絡初戀對象呢？

日本文化盒

拿坡里義大利麵是日本獨創的西式料理。一般在喫茶店和洋食館的菜單都會出現這道菜色。通常食材會有青椒、小熱狗、洋蔥與義大利麵，並且大量使用番茄醬，吃起來相當酸甜爽口。

「不要逃避！野口也英！要向前看，深呼吸，然後前進！哪怕會受傷、會丟人現眼，面對人生，要大步向前邁進。」

「逃げるな！野口也英！前を向け！息を吸って前進しろ。傷ついたってみっともなくったって、人生は飛び込まなくっちゃ。」

21

開始是結束的開端，相遇總是藏著別離。

はじまりは、おわりのはじまり。出会いは常に別れを内在する。

《花束般的戀愛》
（花束みたいな恋をした）

儘管觀眾在一開始就知道這部現代愛情電影不是什麼happy ending，卻仍因不落俗套的細膩台詞、貼近日常的劇本與男女主角叫人臣服的精湛演技，在日本蟬聯六週票房冠軍，甚至一度擠下人氣持續高漲的《鬼滅之刃》。

執導過多部純愛系電影如《花水木》、《現在，很想見你》等經典作品的導演土井裕泰碰上《四重奏》、《在世界中心呼喊愛情》的編劇坂元裕二，再由獲封影帝影后的菅田將暉與有村架純以多次合作累積培養出的默契完美詮釋戀愛中的男女內心想法。這樣不可多得的堅強陣容其實就足以吸引觀眾走進戲院觀賞一段或許每個人都曾經有過的一段再平凡不過，卻最難忘的戀愛故事。

故事從兩位大學生山音麥（菅田將暉　飾）和八谷絹（有村架純　飾）因為錯過末班車而在明大前車站偶然相遇開始，不只在音樂和電影上的喜好相似，就連家裡書櫃擁有的書都像是彼此會喜歡的類型。一見如故的兩人很快就陷入熱戀，並決定展開美好的同居生活。

麥一邊自由接案插畫的工作，絹則在冰淇淋店打工。兩人無論做什麼事都一起分享度過，從車站沿著河畔走回家的三十分鐘路程對他們而言就是每天最幸福的時刻。直到他們各自開始投入正式的工作後，在價值觀與生活作息漸漸出現摩擦。儘管五年的感情並不是能輕易說放下就一笑帶過，但是彼此也認清到再也回不到過去甜蜜關係的殘酷事實，因此決定趁能好好道別時鼓起勇氣說再見。

絹一直持續追蹤閱讀的部落格「戀愛生存率」有一篇寫著：「開始是結束的開端，相遇總是藏著別離。戀愛就像派對，總有一天會結束，所以墜入情網的人們能做的只是分享喜歡的東西、隔著桌子聊天，只能品嚐著那股苦澀滋味。」然而某天，作者卻在所有人預料不到的時候選擇結束自己的性命。絹雖然不知道作者是否因為走到了戀愛的盡頭才做此決定，她只知道自己正處於這場戀愛派對中最狂熱的時刻。

和我一樣住在日本的女性友人小蕙，曾以為自己長期身處國外應該比較能適應離別這件事情。無論是和家人在機場的十八相送，還是認識多年的朋友決定搬回台灣選擇另一個人生，感受那份淡淡感傷的頻率難免較多。但事實證明，這並不適用於愛情（笑）。

小蕙在台灣廣告業工作的那年曾和一位來台留學的建築系日本研究生佐藤交往過。由於他中文還不算到流利的程度，因此假日不是待在家裡做模型、看些日本搞笑綜藝節目，要不然就是和幾位日本朋友們相約小酌。甚至曾在沒有做任何功課之下，拎著一大袋啤酒去一〇一大樓底下看跨年煙火，天真地以為一〇一的煙火和日本那種長達半小時以上的煙火一樣能夠慢慢欣賞，殊不知就在連一罐啤酒都還沒喝完前煙火就已經施放完畢。

或許是因為小蕙想起自己曾在日本留學的那段思鄉情怯和語言隔閡的不安，只要一有空就會帶佐藤品嚐各種「日本家鄉味」和「偽日本風景」。也因為如此，她才有機會造訪北部盛開櫻花與滿山遍野的浪漫芒草景點，和佐藤一起重新認識繁華城市以外的台灣之美。而他若遇到需要和房東溝通或是更新簽證等等問題，小蕙都盡量到場協助，看到他從額眉間緊繃慌張的神情逐漸放鬆下來時，小蕙也就感到欣慰許多。

在佐藤返回老家父親的建築事務所工作後不久，小蕙也決定重新展開第二段異國生活。原本以為在同一座城市一起踏入社會可以維持相互鼓勵扶持的關係，沒想到在他總以「準備考證照」為由變成聚少離多、一週講不到一次電話的疏遠模式。那陣子同時也是小蕙徬徨於正職工作面試的時期，由於在日本沒有就職經驗，深怕一不小心就在不清楚職場潛規則與禮儀等原因之下失去工作機會。雖然很希望男友能提供一些建議，就算只是幫忙檢查一下履歷書上的日文有無錯誤也好，卻因為怕打擾到他而遲遲不敢按下撥號鍵。

那年夏天某一天小蕙得了一場重感冒，上司看到她臉色蒼白後馬上催她回家休息。在搭電車回家的路上，小蕙原本打算傳封訊息告訴男友身體狀況，但腦中先浮現的想法竟然是「反正他應該也不會有什麼反應吧。」在那瞬間，小蕙總算清醒，這樣的戀愛好像似乎再也沒有談的必要，那串文字也隨著收不回的刪除鍵一同消失。

分手幾個月後他們約在新宿車站附近咖啡店見面，分享彼此在工作上漸漸踏上軌道的心得。離開前佐藤在川流不息的人潮之中小聲地和小蕙說了聲「元気でね（你多保重喔）。」，也許是意識到這應該是最後一次見面，小蕙認真注視著佐藤君那曾經令她著迷不已的自然捲與單眼皮後，笑笑地向他揮手道別。

「開始是結束的開端，相遇總是藏著別離。」這個道理我想所有人都懂，儘管知道總會面臨這道解不完的人生課題，然而一旦深陷其中，就會想暫且拋到腦後。

沒什麼不好，因為在戀愛中我們能做的就是享受所有當下與另一半分享更能感受的兩倍幸福。

日本文化盒

電影中兩人在走回家的路上一起吃的炒麵麵包其實是日本獨創的麵包種類之一。

有一說是創業於百年以上，位於人形町的「まつむら」麵包店所發想的菜單，另一說則是位於荒川區的「野澤家」（已歇業）在一九五〇年代時同時販售炒麵與熱狗麵包，有客人嫌麻煩，乾脆要求店家將炒麵夾進麵包裡，因而促使炒麵麵包的誕生。雖然哪家才是元祖已無從考究，不過毋庸置疑的是炒麵麵包的人氣直到現在也從未減過。

「戀愛就像派對，總有一天會結束。所以墜入情網的人們能做的只是分享喜歡的東西、隔著桌子聊天，只能品嚐著那股苦澀滋味。」

「恋愛はパーティーのようにいつか終わる。だから恋する者たちは好きなものを持ち寄ってテーブルを挟み、おしゃべりをし、その切なさを楽しむしかないのだ。」

22

人生的喜悅不就是從破綻中綻放出來的嗎？

人生の喜びってのはさ、綻びから生まれたりするものなんだよ？

《昨日的美食》

（きのう何食べた？）

《昨日的美食》可以說是我最喜歡的BL日劇之一，即使沒有任何令人臉紅心跳或出現粉紅泡泡的情節，依然能因趨近真實又不失可愛的角色描寫，讓人真心想祝福這對相互扶持的誠懇大叔們。

這部日劇由人氣連載漫畫改編，每一集故事周旋在律師筧史朗（西島秀俊 飾）與美髮師矢吹賢二（內野聖陽 飾）溫馨又俏皮的同居生活。擅長精打計算的史朗最喜歡在每天下班後前往住家附近商店街的各家超市比菜價，並在預算範圍內烹飪顧及營養與美味的料理。而開朗樂觀的賢二，在美髮店時總能第一時間神應對難搞的客人與扮演職場好前輩的角色，因而擁有極好的人緣，只是由於不太懂得經營與理財，不但三番兩次推辭店長一職，也時常被史朗叮嚀要好好存錢與養成記帳的習慣。

劇中除了探討同性伴侶對自身的認知疑問、家人與職場等各層面的接受度外，柔和地運用一道道「手作料理」提供給在螢幕前的大家一個「該如何與個性迥異的另一半磨合相處與打造屬於兩人的幸福」開放式答案。

我特別喜歡第一集的「哈根達斯冰淇淋事件」，當賢二興高采烈地提著夏威夷堅果口味的哈根達斯冰淇淋回家想與史朗分享時，史朗馬上露出嚴厲的眼神「偵訊」賢二是否又在便利商店亂花錢，強調若在商店街的小超市買的話就能以更划算的價格買到。當場被潑冷水的賢二只能摸摸鼻子小聲地說：「因為那家店沒有賣這個口味，而且你之前不是說想吃嗎？」

過了幾天，兩人享用完晚餐一起坐在沙發上品嚐冰淇淋時，史朗雖然不否認一分錢一分貨，忍不住直誇眼前的冰淇淋有多可口實在。但是一發現卡路里超出自己平時的標準時，馬上脫口而出：「無論是理財還是體型管理，怠懈一秒就前功盡棄，露出破綻了。」聽到這番話的賢二搖搖頭笑著表示：「人生的喜悅不就是從破綻中綻放出來的嗎？」

我自認自己還算是注重飲食管理，除了幾乎滴酒不沾，三餐一定要正常吃、盡量不吃零食，就連最愛的甜點都規定自己只能在假日享用。唯獨只有在心情極好或極需透過甜食療癒的低潮期時才會在深夜拋開罪惡感，打開令人無法抗拒的哈根達斯期間限定口味冰淇淋。而且我跟史朗一樣，絕對不會在便利商店以驚人的原價購買冰淇淋，堅持忍到想吃的口味終於在超市以稍微實惠的價格開賣時才放進購物籃。

當時交往的男友知道所有食物裡，我只有在吃冰淇淋時才會露出連旁人也能感受幸福的微笑，因此如果他做了點讓我生氣或難過的事情想表達歉意時，偶爾會買新口味的哈根達斯冰淇淋作為補償。有一天我們在出門前起了些小爭執，整天隱忍著氣急敗壞的心情上班一點也不好受，於是我決定這天要破例在便利商店買最新的冰淇淋商品。當我將價格一點也不可愛的冰淇淋毫不猶豫放在店員面前，等待他刷條碼發出「逼」的聲響的那瞬間，老實說，還真是痛快。

只是萬萬沒想到，那晚男友來家裡作客（求饒）時，手中提的半透明塑膠袋裡也裝著一樣口味的冰淇淋。內心正在竊喜的我，刻意不苟言笑地從冰箱裡拿出今日戰利品，看到這一幕的我們早就忘了白天的壞情緒，決定吃完晚餐後要一起在沙發上耍廢吃冰，度過不用調鬧鐘逼自己隔天從被窩裡爬起的週五夜晚。

或許從破綻中綻放出來的喜悅從旁人看來只是所謂的「小確幸」，隔天還可能因為臉上冒出一個痘子或水腫而後悔昨晚入肚的惡魔級美食。不過所謂的幸福，大概就是由無數個瞬間的喜悅所累積而成的吧！

日本文化盒

雖然日本憲法目前仍不承認同性婚姻，不過卻建立了「Partnership制度」。透過這個制度，同性伴侶可向各區單位申請證明與宣誓。自從二〇一五年由東京都的澀谷區與世田谷區率先實施至今，二〇二三年已擴及到日本全國超過兩百五十個自治體單位實施。

史郎：「真的很好吃耶，果然有這價格的價值。」
賢一：「所以我就説啊，偶爾就奢侈一下嘛。」

史郎：「やっぱうまいなこれ。値段の価値はあるな。」
賢一：「だから言ってるじゃん。たまにはぜいたくしようって。」

23

我們的思考方式、習慣、價值觀都完全相反，但是你身上有很多我沒有的東西。

考え方も、習慣も、価値観も正反対だけど、私にないもの、たくさん持ってる。

《為愛妝扮有理》
（着飾る恋には理由があって）

對於一年只看一兩部戀愛日劇的我來說，《為愛妝扮有理》這部日劇深深吸引了我。大概是因為劇中男主角若無其事卻一招招令人怦然心動的撩法以及狗狗的可愛反應，這些元素使我對這齣日劇留下了深刻印象。

《為愛妝扮有理》融合了浪漫與內心糾結的戀愛故事，講述一位手機不離身、每天拼命工作只想獲得眾人肯定且IG擁有十萬粉絲的網紅真柴胡桃（川口春奈 飾），遇到一位連手機都不需要，擁有高超廚藝卻滿足於極簡生活的餐車老闆藤野駿（橫濱流星 飾）。他們兩人看似不對頭，但在共同居住的屋簷下逐漸欣賞對方的優點，並對彼此產生好感。觀眾可以透過劇情看到現代人談一段感情必定會經歷的曖昧期、揣測不安到調整至舒適的相處頻率的過程。同時，也能跟著男女主角一起學習如何在追逐夢想的同時不失去自我，勇敢追求真正適合自己的幸福。

此外，女主角真柴胡桃是一名注重時尚打扮的網紅，每一集川口春奈在劇中的穿搭都成為日本網友們的熱門話題。劇組專門為真柴胡桃開設的IG帳號收錄宛如時尚雜誌的穿搭秀，讓粉絲們過足了癮。接近殺青時，該帳號的追蹤人數高達近二十萬人！

在第五集當駿開著餐車載胡桃一起回家時，胡桃儘管因為一直無法確定彼此關係而感到不安，但是她仍然鼓起勇氣向駿表達自己的心意。她說：「我們的思考方式、習慣、價值觀都完全相反，但是你身上有很多我沒有的東西。藤野先生，我想更了解你。」此話一出，也讓駿決定更順從自己內心對胡桃的想法。

我有一位認識長達十年以上的男性友人，雖然異性緣很好，卻遲遲沒遇到真命天女。直到某次一起用餐時，他突然宣布自己即將結婚的消息，對象是公司裡不同部門年紀相仿的女生。我不禁好奇想知道，對感情總是抱持順其自然態度的他，最後是如何決定與誰共度一生的伴侶。

他說：「因為我們的價值觀跟生活習慣都很像。我啊，雖然總是會被和自己完全不同的人所吸引，但是談過幾場戀愛後，終究還是覺得找和自己想法相近的人相處會比較順利。」實際上和這對新婚夫妻見面後，發現他們的確不會勉強彼此做不想做的事。在舟車勞頓的蜜月旅行中突然更改行程去泡個溫泉，找間不需事先預約的按摩店；鐵腳獲得重生後再參加其中一方的友人聚餐，一切是如此自然地配合雙方的步調。在一旁看著他們甜而不過膩的互動，我感到羨慕的同時也為朋友感到開心。

而另一位非常熱愛旅遊與美食的女性友人，據我所知她假日從來沒有整天待在家裡度過，時不時就會看到她發布動態挖掘新景點或餐廳。然而，這樣的她卻喜歡上了一名凡事以工作為優先的科技男，這位男子下班後通常買個三明治之類的輕食迅速吃完後又繼續把工作帶回家處理到深夜。假日雖然偶爾也會獨自開車兜風，但大抵還是寧願靜靜地在家休憩，並且為了減少不必要的焦慮而遠離社群軟體。儘管在價值觀上有很大的衝撞，但女性友人開始嘗試放慢生活步調，享受和他一起慵懶躺在沙發上看電影的愜意週末，而男方也會主動找些口碑不錯的餐廳帶女方一起享用。雖然這段戀情並沒有維持太久，但是他們對彼此的正面影響仍持續在各自的生活中悄悄運作。

要找到與自己百分之百相同價值觀的靈魂伴侶的機率幾乎是零，如果因為發現差異就馬上選擇離去，或許就會不小心失去一次重新認識自己的機會。究竟是選擇和自己價值觀相近還是完全相反的人在一起會比較幸福或許沒有一個確定的答案，但最重要的是不去否定對方的價值觀，而是願意在相處過程中一步步了解彼此。

日本文化盒

像劇中男主角一樣開著餐車販售美食，拯救公司附近沒什麼餐廳選擇而落為「午餐難民」的老闆們的確有越來越多的趨勢。日本的外帶文化並不如台灣普及，直到一場重創餐飲業的疫情，促成了在東京都內申請營業登記的餐車數與十年前相比倍增至近五千台。除了便當與簡單的日式料理，販售滷肉飯等台灣經典美食的店也不在少數。

24

我會珍惜兩人在一起的時間，把想說的話和她說，即使看到她很多缺點，還是想一起開心生活。

二人で過ごす時間を大切にする。言いたいことを言い合って、嫌な目をたくさんみて、それでも楽しく過ごす。

《魚干女又怎樣》
（ホタルノヒカリ）

改編自暢銷漫畫的戀愛喜劇《魚干女又怎樣》，沒想到悄然從第一季播出至今已度過了十五個年頭。當年俏皮可愛的魚干女小螢以及可靠溫暖的部長，兩人在劇裡時不時的逗趣互動和相互鼓勵扶持的感人畫面，不知道圈了多少粉絲。

該劇以綾瀨遙扮演的上班族小螢為中心展開。小螢的工作表現相當認真出色，平時的穿著打扮也總是光鮮亮麗。然而一回到家，她就會換上總是露出口袋內側的運動裝，並且將頭髮綁成沖天炮，坐在緣廊開罐啤酒以此慰勞一整天的辛勞。相較於戀愛和社交，她更享受懶散隨意在家休息，即使房間再亂她也毫不在意。

然而，命運卻帶了意想不到的意外。小螢和一板一眼的高野部長（藤木直人　飾）開啟了秘密同居生活。同時她又久違陷入了戀愛的漩渦，喜歡上同部門的設計師手嶋（加藤和樹　飾）。對於好不容易展開的新戀情，小螢既期待又怕受傷害，而看似冷酷的部長，其實一直都將小螢在職場上和談感情時努力的一面看在眼裡。

小螢雖然每天拚命工作，但是不管遇到再棘手不順的事情，她總能找到抒發壓力的方式讓自己放鬆下來，並且在最信任的人面前露出最真實的自我。每次觀看一集，我總能在大笑之餘從小螢身上獲得一些能量。

在第八集裡，小螢詢問部長如果再有下一段戀愛，他是否會認真交往，不再重蹈覆轍留下遺憾？部長沈思片刻後回答：「我會珍惜兩人在一起的時間，把想說的話和她說，即使看到她很多缺點，還是想一起開心生活。」這句話看似只是他的理想宣言，但字字句句裡都隱約透露部長對小螢的感情以及對她離開的不捨。

而在最後一集，曾單戀手嶋的女同事優華，逐漸接受了一直在身邊支持鼓勵她的男同事，並且打算順其自然發展戀情。她向平時相當照顧她的前輩山田姊坦言：「在他面前展現自己不好的一面也沒關係，雖然沒有那種心跳的感覺，但是在一起感覺很踏實。」山田姊在聽到的當下露出了安心的微笑，並告訴她：「那也是一種戀愛呀。」

在一次公司聚餐中，公司幾位同事和大學實習生們在稍微小酌後聊起各自的戀愛煩惱。其中K君說他第一次談戀愛時被女方狠狠甩掉的經驗，原因是對方覺得和他相處時感到壓力很大。當時對K君來說，因為這是他的第一次戀愛，第一次認真地喜歡上某個人，所以才想要將最好的一面都表現出來，也想盡量滿足對方所有需求。然而或許沒有拿捏好令人感到舒適的距離，也或許那些溫柔示好的表現並非女方真正想要的，因此反而成了對方想離開的理由。而另一位平時給人大剌剌印象、甚至講話有些犀利的女同事，透露她在男友面前從未展現真實的一面。她在男友面前總是安靜乖巧，儘管這不是刻意偽裝，但她不知道該如何開口坦白，每次都錯過攤牌的時機。我忍不住問她：「如果未來有住在一起的打算，這樣不會累嗎？」然而她只是尷尬笑了笑，沒有回答。

當我們真心喜歡上一個人時，往往難免會一頭栽進熱戀期特別甜蜜的氛圍之中，為了取悅對方而不自覺勉強自己。像是單身時根本不做菜卻突然早起準備愛心便當、對足球不感興趣卻在凌晨陪對方守在電視機前看世界盃足球賽、希望能ＡＡ制卻怕對方覺得自己小氣等等，我們以為只要能讓對方開心便能感到幸福。然而當熱戀期結束、冷靜下來後，我們才意識到其實早已身心俱疲，逐漸失去自我。

真正適合自己的對象，我想就像部長與小瑩一樣，能夠在彼此面前展現最真實的自己、與對方交談時感到輕鬆自在、無論開心或悲傷都想與對方分享才是最理想的。

日本文化盒

第八集裡小瑩趕著九點前回家去參加町內會的夜間防犯巡邏，兩手拿著木棍邊喊口號，一旁的大叔也高舉「小心火燭」的燈籠。町內會為一種居民自治團體，由於並非義務因此可選擇是否要參加。而向居民每月徵收來的町會費會運用在環境美化、防犯、防災等各種社區活動。

「因為害怕，妳才覺得麻煩吧。
但是人和人之間的交往，本來就是件麻煩事。」

「怖いから、面倒だと思ってしまう。
人と人の付き合うってことはな、元々面倒くさいもんなんだよ。」

25

我不打算比現在更努力，我要準時下班。

私はこれ以上頑張りません。定時で帰ります。

《ＯＬ不加班》
（わたし、定時で帰ります。）

這部由吉高由里子與向井理主演的日劇，改編自日本的達文西文學獎最大獎得主朱野歸子的暢銷小說。光是片名就不知道道出多少每日默默堅守在自己崗位，不知道是否該繼續隱忍吞下苦水的上班族心聲。

劇情描述在一間設計公司擔任總監一職，工作表現優秀且非常有效率的女主角東山結衣（吉高由里子　飾），她每天必定準時六點打卡下班，為的就是趕上公司附近的中華料理店提供的小籠包配啤酒的限時優惠套餐。對她而言，比起出人頭地，能在下班後享受一頓犒賞自己的晚餐更為重要。然而身處在視工作為人生的全部，被賦予越棘手的工作項目就越有幹勁的工作狂前男友、即使生病也不敢請假的同事以及育嬰假結束重返職場後因深怕帶給大家困擾，又想證明自己能力的女前輩等一群認為「加班為理所當然」的職場環境中，結衣是否能堅持自己的信念在職場生存呢？

其實故事中的結衣過去曾在一間平均一個月得加班一百個小時的公司任職，某次因長期累積的工作疲勞而出了一場意外，讓她頓悟到「沒有一份工作偉大到需要犧牲整個人生」，這才讓她下定決心要當個準時下班的上班族。

我還記得在看這部日劇時，正利用工作空檔一個人到紐約旅遊，晚上回飯店後一邊配著在街頭餐車買的異國料理，一邊按下播放鍵，正打算輕鬆度過細雨綿綿、窗外閃爍著霓虹燈的夜晚。沒想到最後湯匙卻是遲遲懸在嘴邊，眼淚一滴滴滑過臉頰。

或許是因為女主角在急著坐電梯下班離開辦公大樓時，遇到剛上任的新上司對自己的工作態度抱有質疑，直接在他面前吐出一句宣言：「我不打算比現在更努力，我要準時下班。」留下傻眼的上司的畫面，讓我想起剛轉換跑道到目前任職的公司時的情況。剛上軌道的新創公司底下僅有四位職員與兩三位大學實習生，而唯一的外國員工就只有我。也只有我在下班時間一到，交出每天的工作報表後就闔上電腦收拾背包準備離開。「大家辛苦了，我先走了。」我隱約感覺到當說出一句再平常不過的正式下班招呼後，儘管大家並沒有將視線移到自己身上，仍能察覺空氣中瀰漫著一絲不自在的氛圍。

有一天早上我因為生理期突然在預料以外的時間報到，儘管從下了電車後就一路拼命地奔往公司，抵達辦公室時還是晚了一分鐘。想道歉卻不知該向誰道歉，只好在進門時小聲地說了聲「對不起，我遲到了。」就趕緊走到座位上。這些看似唐突的舉動看在其他人眼裡，再加上被貼上「外國人」的標籤，很快就被盯上。可怕的是，上層並不直接詢問晚到或每天準時下班的理由，而是在一場大家都在場的慶功派對上露出不懷善意的微笑問我：「對妳而言，工作的意義是什麼？」

「發揮專長，獲取成就感與有所貢獻。」我沒有半點猶豫地丟下答案。在那之後我仍然秉持盡量準時下班的原則盡力做出成績達成目標。數據替我說了話，從此那位上司不再處處刁難。一直到上司離職很久以後我才從其他同事口中得知，當時該名上司甚至在下班後的聚會上討論如何將我趕走。

隨著在公司任職的時間越長，大家也逐漸了解我的工作態度與原則，開會時間也盡量避免排在下班前。等到自己也成為前輩後，某天中午和日本同事買珍奶時，他說：「真的很謝謝妳，因為妳都比較早下班，所以我們也才敢早點下班。」因為這句話我才意識到工作環境的風氣如果真的要改變，最需要的還是要有人願意鼓起勇氣當第一個。

工作並非人生的全部，所以該努力的的事情不會只有工作。靠著自己認真工作掙來的薪水該怎麼運用才能提升自己的幸福感也是必須努力思考的日常課題。

日本文化盒

《OL不加班》於二〇一九年四月播出時正好遇到日本逐步實施「工作改革關聯法」的時期。該法案的主要內容包括設定長時間勞動加班時數上限、確保正職和非正職員工享有相同的公平待遇以及推動彈性多元的工作方式等。在此背景下，勞動基準法也進行了修正，要求雇主確保一年享有十天以上特休的員工必須使用至少五天的特休。如果雇主未讓員工使用特休，則可能因違反勞動基準法而面臨最高三十萬日幣的罰款處罰。

26

所謂的工作，其實只佔人生的三分之一。
如果這三分之一的時間一直這麼緊張，是會死人的。

仕事ってさ、人生の三分の一なんだよ。
その間ずっと緊張してたら、人は死んじゃうんだよ。

《非獸性男女》
（獣になれない私たち）

《非獸性男女》是編劇野木亞紀子繼《公關室愛情》、《掟上今日子的備忘錄》與《月薪嬌妻》之後第四度與女主角新垣結衣合作的日劇。雖然有過多次合作機會，不過相較於前三部作品都是由小說及漫畫改編的劇本，從零開始創作的《非獸性男女》很明顯有了更多能發揮的空間，同時也讓觀眾有機會看到新垣結衣有別於以往甜美可愛的印象，挑戰揣摩在職場上陷入困惑煩惱中的都會女性角色。

此部日劇敘述有著穩定交往的男友，時常笑臉迎人、對於上頭吩咐的命令與同事的救援總是使命必達的上班族深海晶（新垣結衣　飾），以及就算對初次見面的陌生人也口無遮攔，異性緣卻離奇好的會計師根元恆星（松田龍平　飾）之間的故事。

看似毫無任何共通點的兩人其實是同一間小酒吧的常客，下班後經常在店裡偶然相遇。只是兩人對彼此的印象極差無比。恆星認為深海晶閃耀動人的笑容只是做給大家看的表面，而深海晶則認為恆星的態度言語都非常失禮。隨著一次次短暫的談話，他們才慢慢放下尊嚴與戒心坦承說出隱藏在內心的各種煩惱，給予對方中肯的建議或傾聽，建立起相互打氣珍惜的友好關係。

深海晶待的公司離職率頗高，從營業經理、新人、老闆的秘書到工程師都陸續提出辭呈。原本擔任營業助理的深海晶在人手不足的情況下只好接下越來越多非自己工作範圍內的任務。在第八集的開頭中，公司裡少數認真可靠的工程師佐久間向老闆表示有意離職時，雖然老闆想以更優渥的薪資留住人才，但佐久間語重心長地回答：「所謂的工作，其實只佔人生的三分之一。如果這三分之一的時間一直這麼緊張，是會死人的。」沒想到卻換來老闆一句：「所謂人生，就應該充滿緊張感地持續作戰。」於是看盡這間公司百態的佐久間一針見血地說：「那是您的人生吧！您不適合當經營者。」語畢便瀟灑地走出離開辦公室。

我一直以為過勞死這件事情離自己很遙遠，直到前陣子從朋友口中聽到他在職場上敬仰的女前輩某天在多日連夜的趕工下禁不起睡意，趴在餐桌稍微休息就再也沒醒來，只留下錯愕悲傷不已的丈夫與不知道再也見不到母親的幼兒的活生生例子後，才第一次感受到前所未有的震撼。其實在朋友得知前輩突然驟逝的消息之前，那位前輩已經連續超過三個月每月加班八十個小時以上的狀態。雖然有為數可觀的加班費，也可以在家遠端作業，但是為了同時照顧小孩與備料下廚，她往往得等到晚上十點小孩熟睡後才能再進入工作模式而且撐到凌晨三、四點。即使是假日也脫離不了客戶的訊息召喚，她每每在畢恭畢敬通電話時，看到小孩孤零零地盯著電視看便湧上一股慚愧難過。

原本那位在職場上總是全力以赴，也傳言將有機會升官成為該部門第一位女部長的前輩，一直以來都被女同事們視為職業婦女的榜樣。如今發生了這樣令人惋惜的事情，終於點醒朋友該是時候離開嚴重影響身心健康的工作環境了。

後來她到幾個大公司進行最後一關面試時都習慣性地直接詢問面試官：「請問平均一個月的加班時數大概多少？」只要聽到和之前公司差不多的驚人數字就會馬上放棄。因為她很清楚自己想離職的原因，也明確知道在小孩成長過程中最需要的就是家長的陪伴。

慶幸的是，當她在和我敘述近期發生的這些事情時已經找到了理想的公司。她和前同事們聚餐時只要一提到現任公司的加班時數是零，大家無不露出不可思議的驚訝表情。

或許我們每個人心中都住著一隻被困在馬戲團的野獸，為了獲得觀眾的喝采與馬戲團主人給予的獎賞，只好毫不停歇地接了好幾場秀。然而到了深夜，偶然在下雨過後的水窪看到自己的倒影才發現至今為止露出的笑容有多勉強。當快要承受不住一切時，你會選擇傾聽內心的聲音，還是繼續忍氣吞聲呢？

日本文化盒

不知道大家有沒有注意到恒星在事務所常吃的拉麵與餃子，使用的容器是與店內相同的大碗公與盤子。而一旁總是穿著圍裙壯碩的拉麵店小哥一邊與恒星攀談，一邊等他把麵吃完收回碗盤再返回店裡。

大約在一九八〇年代開始盛行這種以非一次性容器盛裝餐點，還得再次到客人住家門口回收容器，甚至研發出運送過程中不易灑出湯頭的「避震外賣機」的外賣方式，如今因人力不足與為了減少來回的費時問題，大部分店家都改採用免洗餐具或與外送服務平台合作，而掛著鐵箱的外賣機車蹤影也就逐漸消逝在街頭中。

27

希望有一天我也能吃到那塊草莓塔。

私もいつかあのタルト食べたい。

《大豆田永久子與三個前夫》
（大豆田とわ子と三人の元夫）

由松隆子主演，坂元裕二撰寫劇本的作品《大豆田永久子與三個前夫》，敘述擔任建設公司社長的大豆田永久子（松隆子　飾），雖然人生有過三次離婚紀錄、育有一女，但仍能與個性截然不同的三位前夫（松田龍平、角田晃廣、岡田將生　飾）維持相互鼓勵支持、時而付出關心的關係。是一部帶點溫馨、囉唆又幽默，探討如何正面活出自己人生的都會小品喜劇。

第二集中，第三任前夫中村慎森與永久子在某間咖啡店時，前夫問起永久子為什麼會突然決定接下社長一職。

永久子笑著回答，當初自己就是在這間店下定決心要接任社長。雖然沒有什麼動人的契機，但看到坐在窗邊座位的女學生，露出傷腦筋的神情努力地解答完數學題後，慢慢享用一直放在眼前的那塊草莓塔的幸福瞬間，「希望有一天我也能吃一次那塊草莓塔。」她打從內心說出心中的渴望，回到公司後馬上答應接下社長一職。

其實在聽到那段台詞的當下我並沒有產生共鳴，只是純粹覺得兩人在氣氛恰好的咖啡店，坦然說出彼此想法的畫面非常美好，因此還特地去造訪劇中的咖啡店，可惜實際上店裡並沒有提供草莓塔。

直到幾個月後，我的上司突然宣布不久後將離職的消息，就當所有人都在猜測會是誰來接棒時，我萬萬沒想到會是自己。

由於交接時間緊迫，我幾乎是在一團混亂之中先硬著頭皮答應。直到上司瀟灑離開後，才發現自己必須負責的工作範圍與責任遠比他所交代的事情超出更多，而且至今為止累積的各種小問題都在此時浮上檯面。有一陣子我甚至覺得明明自己是編輯，卻像是人事顧問般不斷在處理不同部門之間的溝通協調問題。

成為職場的三明治後，除了身兼中文版主編，還得管理整個部門的目標績效，名副其實成為「playing manager」。面對上層與同事們投射的期待及諸多疑問，漸漸成了我壓抑在心的壓力。而這股壓力不但影響了健康狀況，有好幾次都抱著疼痛的胃開會，也曾讓我在上層面前淚水潰堤，有好一陣子只要下班關上電腦，回到家後我完全不想開口和誰對話。

「無論如何，我會尊重妳的選擇，但是我希望妳能了解撐過後的成就感是什麼樣的感覺。」某天中午營運長和我在涮涮鍋餐廳裡一邊來回涮著肥美的肉片，一邊若無其事地對我說。

和營運長走在平日稍嫌寂寥，回辦公室路上總會經過的淺草商店街時，我想起永久子敘述的草莓塔。如果我還沒解完題目就先吃掉草莓塔的話，或許能在第一時間品嘗到誘人的滋味，但問題並不會因為擺在一旁就自動消失。但假如我慢慢抓到解題的公式與訣竅，就可以按照自己的步調，在想要犒賞自己一下時吃一口草莓塔。

自接任以來已經過了一年以上，我仍然在許多時候感到身心疲憊，但是當看到團隊逐漸有了趨近圓滑的輪廓、當同事願意向自己吐出煩惱尋求意見與協助、當同事一句：「因為妳在，我才想要繼續努力看看！」的鼓舞，都讓我在一些小片段中體會到了草莓塔的酸甜滋味。

日本文化盒

在第四集中，惠愛放了五條先生鴿子後獨自到喫茶店享用下午茶，並點了一份布丁百匯。正吃得津津有味時被永久子逮個正著，說這不像是反省中的人吃的食物。

布丁百匯其實是發源自日本的西式甜點，通常會在船型的玻璃盤裡放有主角布丁以及各種水果、冰淇淋和生奶油。據說最早是由位於橫濱的新格蘭飯店的咖啡店所發想的菜單。

大豆田：「雖然身為社長我還有很多不行的地方。」
慎森：「妳很努力，非常努力。無論是過去還是現在，妳一直都很努力。總是閃閃發亮，一直都很耀眼。」
大豆田：「別說了啦。」
慎森：「對不起，但是這些話我想說很久了。」
大豆田：「你剛剛那番話，可能就是我的草莓塔。」

大豆田：「まだまだ全然ダメな社長だけどさ。」
慎森：「頑張ってるよ。すごく頑張ってると思う。君は昔も今もいつも頑張ってて、いつもキラキラ輝いてる。ずっとまぶしいよ。」
大豆田：「やめてよ。」
慎森：「ごめん。でも…それをずっと言いたかったんだ。」
大豆田：「今の言葉が私のイチゴタルトかも。」

28

只要有謀生本領的話，就能如自己所願的活下去。

生きていく技術とスキルさえあれば、自分の生きたいように生きていける。

《派遣女王》
（ハケンの品格）

《派遣女王》第一季在二〇〇七年播出之後因為許多劇情引起廣泛上班族共鳴，無論是職場鬥爭還是工作態度，或是正職員工與派遣員工之間的階層關係都給了社會人士一劑強心針，同時發揮當頭棒喝、警惕自己需要隨時提升自我價值的作用。在相隔十三年後此劇還找回原班人馬開播第二季，不但讓老粉絲大呼過癮，也能從中比較十年後的當今日本職場有哪些變化。

全劇講述一位個性剛硬又不苟言笑的超級派遣員大前春子（篠原涼子飾），過著堅持絕不加班、只要在一家公司待滿三個月便解約離職，中午十二點一到便準時用餐、下午五點便以迅雷不及掩耳的速度下班的職場生活。看似不近人情的大前春子，事實上因為擁有無數證照與優秀的應變能力，多次拯救了公司各種大小危機，也常常在無形之中激勵了同為派遣員的同事們。

在第一季第一集裡，菜鳥派遣員森美雪（加藤愛　飾）因為怕被吩咐的工作做不完會連累大家，因此決定將整疊資料抱回家繼續趕進度。沒想到徹夜努力的結果卻因自己的冒失而將重要的資料忘在計程車上，這下可讓同部門的所有人手忙腳亂，而本來就不看好派遣員的幾位正職員工則帶著看好戲的心態嚴厲斥責森美雪。

當主任里中賢介（小泉孝太郎　飾）及部下們趕到汽車報廢回收場試圖找回資料時，大前春子突然出現在挖土機的駕駛座上將該輛計程車吊起。此舉雖然震驚所有人，卻也成功取回資料。這件事情讓森美雪因往後不想再增添眾人麻煩而有意請辭，並主動在食堂裡向大前春子搭話併桌吃飯。

森美雪坦承過去求職結果不是全軍覆沒就是馬上被解僱，為了盡快找到工作，也不想錯失受聘於大公司使人生好轉的機會，因而在面試時謊稱持有符合公司所需的技能。最後卻落得自己垂頭喪氣毫無信心。此時一直默默吃飯的大前春子以一如往常的嚴肅口吻反駁森美雪以為進了大公司就能從此改變的想法。因為即使成為正職員工也有可能被裁員，若不幸遇到公司倒閉也就跟著完了，然而「只要有謀生本領的話，就能如自己所願的活下去。」她堅定地說。

在二〇二〇年春季疫情爆發影響全球的這三年來，不只重創旅遊業，航空、住宿、餐飲、百貨等產業也都受到波及，就連我待的網路旅遊媒體也不例外，不少人選擇以此為契機離開相關產業。為了開源節流度過難關，公司決定退租位於淺草黃金地段的辦公大樓，並且以現在同事們每每回想起來都覺得不可思議的速度，在短短兩週內搬至新據點，甚至還辦了一場清倉大拍賣。其中最搶手的物品是直接砍了一個零的一張原價台幣兩萬元的人體工學椅，在消息釋出後的一天內三十張椅子都找到了新主人。

另一方面也有很多公司進行縮編與人事調動，我有一位對工作總是全力以赴且相當盡責的朋友J將也在疫情期間因公司的決策而被「出向」。「出向」是指在企業公司與職員維持雇用契約關係下，將職員派任到子公司或相關公司工作。原本朋友任職於新創廣告公司的網紅行銷部門，後來以為期一年為前提，出向至某知名通信產業兼任線上外語客服與翻譯。雖然相較於之前常常加班到最後一個關燈離開公司，回家後只想吃碗泡麵累癱在沙發上漫無目的地滑手機的有苦說不出的日子，這份「期間限定」的朝九晚五工作確實大幅改善了Ｊ將的生活品質及健康狀況，但畢竟工作內容沒有辦法發揮既有的能力，再加上疫情間來自海外旅客的訂單寥寥無幾，無法獲得成就感的職場生活讓他逐漸感到恐慌。

二〇二〇年很快就在所有人仍然不知所措的情形下，準備迎接不知道說再見後下次何時能相見的二〇二一年。眼看契約即將到期，Ｊ將決定裸辭放一段長假，開車兜風環遊那些她總是只能從網紅影片中看到的日本各地風景。

某天看到Ｊ將發布動態時，才知道她已經搬到十年前最初落地的城市——山梨。精通英日中三種語言、具有數據分析能力與網路行銷經驗，還握有各界人脈的她決定選擇作為一名自由接案者。

趁著三天連假，天氣看似都非常晴朗穩定，於是我買了張從東京出發的車票一路奔到當地與她會面。享用完道地的鄉土料理後，我們開始隨意地散步，收集各種角度被白雪覆蓋的壯麗富士山景。兩人一起坐在還能感到些許涼意的河畔邊啜飲咖啡時，我問她：「妳覺得褪去正職社員的身份後最大的改變是什麼？」她沒多做考慮輕輕地答：「自由。我不用再去在意那些職場上複雜的人際關係，還有想放假回台灣時就回台灣！不用再去跟上司和人事解釋說明。」看著她眺望遠方富士山的輕鬆愉悅神情，我相信她已經找到了最適合自己的生存之道。

有時候瓶頸與危機，或許反而能帶來一些意料之外的轉機，只要我們隨時不忘讓自己保持競爭力與獨特性。

日本文化盒

日本是亞洲第一個將人力派遣法制化的國家，而且為了保障資方與勞方兩面持續修法讓制度更加完善。

派遣員工並非直接受聘於企業公司，而是與採取登錄制的人力派遣公司簽訂合約後被分配到合適的公司工作。通常能選擇符合自己的專長及經驗的工作，而且上班地點與時間較為固定，因此較能安排假期與私人時間。

除了《派遣女王》之外，挑戰白色巨塔封建體系的《派遣女醫X》也是不容錯過的作品。

「還有半天，為了對得起時薪好好工作吧。如果是我的話就會這麼做。」

「あと半、時給の分だけしっかり働く。私ならそうするね。」

29

與往常一樣的無聊閒談，不知為何吹散了我的滿身疲憊。

結局、いつものどうでもいい雑談だけど、何だか、疲れが一気に吹き飛んだ気がした。

《人生重來／重啟人生》

（ブラッシュアップライフ）

《人生重來（又譯：重啟人生）》可以說是我在二〇二三年前半年推出的作品當中最想給滿分的一檔日劇。由鬼才搞笑藝人笨蛋節奏撰寫原創劇本，他不僅親自客串出演，還邀請了日本奧斯卡影后安藤櫻，以及夏帆、木南晴夏、水川麻美、松坂桃李、染谷將太、黑木華等廣受肯定的演員們共同打造一部笑淚交織的另類穿越劇。

在這場不可思議的穿越劇中，三十代的單身公務員近藤麻美（安藤櫻飾）某天下班後一如往常的和每個月總會固定見面的兩位好姐妹吃飯。但是誰也沒料到當晚和好友道別後，麻美為了撿起被風吹到路邊的垃圾而意外喪命，突如其來的悲劇令人措手不及。

當麻美意識到自己已經死去後，一位看似是負責處理死者來世的櫃檯人員向她說明，她下輩子將轉世成一隻食蟻獸。對於結果感到有些震驚、衝擊的麻美，決定進行第二輪同樣的人生，下定決心這次要多做好事、積陰德才能換取投胎成人類的機會。

然而在第二輪人生成為藥劑師的麻美卻因為一時的疏忽又再次遭逢不幸。起初，她純粹為了爭取重生成人而努力修正生活周遭曾發生的悲劇。但隨著劇情的發展，她漸漸瞭解到其實真正最想擁有的是與重要的親朋好友們共度每一個平凡卻珍貴的日子。

在每一集我們看到麻美不斷重啟的人生中，重複出現的對話和事件都在劇本中細膩地安排與埋下伏筆，每句如碎碎念的台詞都能引起觀眾的共鳴，讓人在每次觀看時都有不同的體悟。

於第一集中，麻美在她家鄉的市公所擔任公務員。儘管這是一份被大家視為「鐵飯碗」並享有各種福利的職位，但她每天坐在櫃檯都得應對來自不同居民的抱怨。有些居民情緒激動時甚至會做出一些不可理喻的舉動，像是一把抓住職員的衣領，甚至扯破襯衫。

度過莫名被瘋狂挨罵的早上後，麻美會和感情要好的同事們一起去吃中餐。她說：「我們會用這種方式，把上午累積的壓力釋放出來，然後下午又再累積新的壓力。」同事聚在一起時總忍不住埋怨一下職場的事情，或是聊些可能隔天睡醒就忘、毫不重要的話題。但正因為有了這種釋放壓力的出口，她們才能重新充電，再度面對挑戰（刁難？）（誤）。

在疫情之前，我們公司的台灣同事很多，有一段時間我們經常一起用餐。遇到萬里無雲的大好天氣時，還會乾脆兵分兩路，一組負責去買麥當勞，一組負責去買珍奶。當罪惡感十足的美食都齊全後，我們會坐在頂樓上，近距離與高聳的晴空塔作伴，想盡辦法讓食物的香味蓋過一旁厭世大叔們從吸菸區傳來陣陣的濃厚菸味。

有一年迎接春櫻時，公司決定在平日午餐時間聚集全體職員到隅田公園賞櫻。一大早，住家離公司較近的同事和幾位大學實習生早早就先扛著藍色尼龍塑膠墊佔了好位子，我們則開始精打計算要怎麼採購才能吃得飽又不會超過預算。最後，提著一袋摩斯漢堡和汽水大快朵頤地在櫻花樹下用中文暢聊。有一位平時喜愛攝影的日本同事幫我們拍了很多張照片，相片裡的我們笑得非常燦爛，歡樂的氛圍彷彿透過螢幕傳遞出來。歷經一場疫情後，照片中的四人只剩下我還留在同一家公司。某天在整理電腦資料夾時點開照片來看，一種帶點寂寞的感慨湧上心頭。或許是因為我們之間的默契仍在，搬回台灣的前同事在我生日時寄來的卡片上也提到了那天我們一起賞櫻的事。我們當時笑得如此開心，但是到底當天聊了些什麼、櫻花開得有多美？其實忘了也無所謂，只要記得當下身旁的人和快樂的情緒就夠了。

不論從事什麼職業，都必須承擔各種大小壓力。如果這些壓力長期累積沒有定期釋放的話，很容易就會反映在身心狀況，甚至影響工作表現。對我而言，下班後當然能自行安排輕旅行或追劇耍廢，但是能在職場上遇到懂得保持剛剛好的距離、相互勉勵慰藉、知道你正在努力的同事卻並非易事。正如麻美曾說過的話：「與往常一樣的無聊閒談，不知為何吹散了我的滿身疲憊。」

日本文化盒

劇中麻美每次重生後都得再參加一次的日本成人禮，這是日本的國定假日（每年一月的第二個星期一）。參加對象是前一年四月至當年三月滿二十歲的年輕人，女生會穿上比一般和服再正式一點的「振袖」，男生則會穿和服或西裝前往居住地或出生地的大型體育館等集合場所參加儀式。儘管這是慶祝年輕人正值青春年華的節日，但由於是國定假日，社會人士也能在這天放假。

30

我想要一直堅信自己的信念與相信我的人。

俺は、自分が信じたものを、信じた人達を、ずっと信じていたいんです！

《陸王》
（陸王）

由日本新生代演員竹內涼真、山崎賢人與影帝役所廣司擔綱演出的《陸王》，其原著小說正是出自與《半澤直樹》同一作者池井戶潤。作者筆下刻畫的人物形象不僅生動，小蝦米對抗大鯨魚的激昂奮鬥經歷，直到最後一幕都充滿戲劇張力的情節令人感到相當痛快。

故事圍繞在埼玉縣一間擁有百年歷史的足袋製作商「小鉤屋」開發輕量型運動足袋鞋「陸王」的過程。儘管「小鉤屋」有著老舖無可取代的傳統技術與專業職人，仍因市場需求量減少而敵不過時代潮流的沖刷，開始面臨資金短缺等困境。第四代社長宮澤紘一（役所廣司　飾）為了搶救代代守護的老字號，決定另闢生路研發不同於以往的商品。

社長在一次國際馬拉松賽時注意到茂木裕人（竹內涼真　飾）這位年輕選手，親眼目睹了他因受傷不得不退賽所留下的悔恨淚水。因此更堅定無論得花再多的時間與金錢，也要集結兒子（山崎賢人　飾）及顧問等人的力量，做出一雙能保護雙腳、讓茂木願意在比賽中穿上的分趾跑鞋。

在最後一集茂木準備上場比賽前，宮澤社長愧疚地表示雖然無法將完成的「陸王」親自交給茂木，但仍希望以行動支持，遞給他一串職員們特地到神社祈願過的鞋帶。此舉不但感動了茂木，再次讓他感受到無論是在他跌進低潮卻還是拼命努力重新站起，甚至是實力再次備受肯定之時，「小鉤屋」的全體職員一直不離不棄陪伴著他。不像那些挖掘話題的新聞媒體與講求利益優先的贊助商，只在有利用價值的時候才會再度將焦點投在自己身上。

他以堅定的眼神向投入大量資金與人力的跑鞋贊助商說：「我想要一直堅信自己的信念與相信我的人。」並下定決心在攸關自己選手生涯的重要賽事中，寧願違約也要穿上從未拋棄過他的「陸王」。

我曾在貴人的引薦之下，有幸跟訪自己非常崇敬的建築大師隈研吾一整天。之所以對他的作品情有獨鍾，並非因那些令人過目難忘，甚至能馬上讓人聯想到隈研吾的代表作，而是因為知道這些建築的背後都包含著他對每一塊土地及對居民不遺餘力的回饋。

隈研吾曾在泡沫經濟邁向顛峰時期於東京設計了心目中能演繹批判八〇年代的Ｍ２建築（汽車展銷中心），然而他真正想呼籲、傳達的想法卻讓自己飽受負評。隨著泡沫經濟時代正式瓦解，他在東京整整十年接不到任何工作。

「既然完全沒有案子，不如藉此走訪日本各地，在鄉鎮之中探尋其實相當渴望的心靈場所。」憑著這樣的想法，隈研吾陸續接到來自東京以外的地區性委託。第一個由他經手的地區性案件便是愛媛縣龜老山展望台。町長（等同於台灣的鎮長）當初希望他能設計具有象徵性，宛如紀念碑的顯眼建築。不過隈研吾最後卻是交出一個埋進山裡，讓人第一眼根本看不出是展望台的作品，因為他認為公共建築空間不應該是建築師的自我表現，而是盡可能地融入周圍環境與自然。

在這之後，他陸續在宮城、栃木、高知等地，運用當地特有的素材及擁有高超技術的職人們，共同打造一座座要是在東京肯定無法如願實現的建築。他曾表示，建築這件事本身並不討喜，一旦聳立在既有的土地便容易遭到早已習慣這片日常風景的居民排斥甚至反對。但是在他親訪施工現場並且召開集會直接與居民交流說明等行動證明後，這些為當地帶來生動活潑氣息的空間反倒成為在地人的驕傲。當他偶爾再訪曾操刀的建築時，還會有認得他的人對他說：「你終於回來啦！」也有不少地方單位即便換了不同政治立場的町長，仍積極邀請他持續打造能展現小鎮不同魅力的舞台。

人往往害怕失敗，但是沒有人能保證自己每一步都能走向成功。然而當面對挫折時，若能將此視為寶貴的經驗並堅信自己的信念、對周圍懷著感謝的心，獲得的或許有時候會比世俗認定的成功還來得多。

日本文化盒

「小鉤屋」的小鉤（こはぜ）其實正是穿著足袋時用來取代鞋帶的金屬釦。明治時代之後橡膠在日本逐漸普及，為了方便勞動與在室外走動並提升安全性，在足袋底部縫上橡膠的「地下足袋」終於誕生。除了在祭典與施工現場可看到外，也為了符合時代所需，發展出不同材質的跑步鞋、靴子等足袋款式。

31

唯有在場的人，才能講這個故事。

伝えられるのは、あそこにいた人間だけだ。

《核災日月》

（THE DAYS）

這部改編自真人真事的影集，以政府、電力公司、核電廠工作人員的角度，紀錄了二〇一一年三月十一日東日本大地震發生後福島核電廠在七天內發生的真實事情。

劇組團隊不僅力求還原災害現場的畫面，而且在研究調查資料方面也非常謹慎。他們將這七天中的艱辛和悲痛過程濃縮成了一個令人感到震撼的八集劇本。劇本的內容基於福島核能電廠廠長吉田昌郎在事發後兩年因病去世前所留下的證詞《吉田的證詞》、東京電力公司的《福島核事故調查報告書》，以及一名日籍記者對近百位事故相關人士的調查，被集結收錄的《見過死亡深淵的人福島核電廠員工奮戰五百天紀實》改寫而成。與其說是一齣充滿戲劇張力的災難日劇，更像是一部能警惕世人的寫實紀錄片。

《核災日月》邀請了一群實力派演員們飾演事故發生時的重要關鍵人物，包括福島第一核能電廠廠長（役所廣司　飾）、東京電力公司副社長

（光石研　飾）、首相（小日向文世　飾）、資深操作員（小林薰　飾）、第一第二號機組值班主管（竹野內豐　飾）等，他們一同帶領觀眾回到事發現場。二〇一一年三月十一日下午二點四十六分發生了日本史上強度最大的地震，福島核能發電廠位處震央附近臨海地區遭受了巨大的海嘯襲擊，陷入前所未有的全廠停電狀態。為了阻止核燃料不斷放熱熔化，一線人員日以繼夜地努力，嘗試恢復電力供應與注入冷卻水。然而，他們必須同時承受來自政府高官與電力公司的壓力，並且面對已經散發到大氣之中的放射線物質對身體造成的影響。

這些最後選擇留下的勇敢工作人員在極其艱難的環境下全心全意投入到危機應對中，他們冒著極高的風險，不顧自身安危以保護人們的生命為首要任務。他們積極尋求解決方案，努力恢復核電廠的運作，以避免進一步可能影響國家整體的災難發生。

整齣日劇生動而細緻地呈現了這些人員面對困境時的勇氣和毅力。他們的故事激勵著觀眾，讓我們再次意識到人類在大自然面前顯得無力之外，工作人員的無私奉獻和堅韌精神也令人敬佩。

在最後一集當中，第一核電廠雖然倖免於爆炸的命運，然而吉田廠長卻被診斷出患有第三期癌症。在他剩下的日子裡，他覺得自己必須做的事情就是將在地震後於核電廠看到的與經歷的一切傳遞給後世，他認為：「唯有在場的人，才能講這個故事。」

二〇一一年三月十一日當時我尚未搬去日本，但是在那之後無論是在生活或工作上都遇到不少機會更了解這場史無前例的災害對日本造成的深遠影響。每年的三月十一日下午二點四十六分，公司大樓的廣播室都會傳來公告，請所有樓層的職員放下手邊的工作靜默一分鐘。一分鐘聽起來不長，但是當閉上眼睛後，時間的流動比想像中更為緩慢沈澱，給予人們思考反省的機會。

因緣際會下，當東日本大地震迎來滿十年之時，我參加了一個名叫「3.11傳承之路」的參訪團。四天三夜的視察中，我親眼目睹了遭逢海嘯席捲侵襲的小學、宴會大廳等滿目瘡痍的遺址的破損景象。同時，我也參觀了災後興建的各種設施，包括介紹原子力與海嘯的傳承教育館以及為災民提供臨時居住的住宅等等。然而相較於這些地方，最令我印象深刻的是親耳聆聽震災記憶口說傳承的志工們訴說著他們的家園被海水淹沒或因強震倒塌，卻仍憑著堅強意志生存的經歷。

「對大家而言可能已過了十年，但是對我們當地人來說，才過了十年。」記得有位年長的先生對我們這些參訪者這麼說，這句話就如同日劇在最後想和觀眾傳達的意涵相似。停用核能發電廠的工作如今仍持續進行，預計需要花上三、四十年以上才能完成。正因為時間會沖淡記憶，唯有透過每個人的傳承紀錄，才能時時刻刻不忘省視和保持警覺。

日本文化盒

若有到日本旅遊時，不難注意到部分道路上的電線桿或學校圍牆等顯眼處都有標示「海拔幾公尺」的看板。在東日本大地震的隔年，國土交通省便呼籲全國積極設置標示看板，為的就是要防患於未然，減少海嘯或洪水災害所帶來的影響，及早採取防災措施。

32

除了母親這個角色以外，妳還想要有自己的身份吧。

母親であること以外にも、自分のアイデンティティがほしいよね。

《惡女－誰說工作不帥氣－》

（悪女～働くのがカッコ悪いなんて誰が言った？～）

這齣於二〇二二年播出，由漫畫改編的春季日劇，是多年來一直都很照顧我，可以說是見證了我這十年在日本奮鬥成長的前輩所大力推薦的作品。他在Line傳了一句：「每當工作遇到低潮時，看這部漫畫都能帶給我一些激勵。」這位在出版業闖蕩二十五年以上的前輩，想必經歷過不少看似能以微笑帶過，實則煎熬苦澀的風雨。對於我這個踏入社會屆滿十年，徬徨起未來職涯的人來說，這番推薦更加具有說服力。於是，隔天下班後我便迫不及待按下播放鍵，觀察女主角如何在競爭激烈的職場中尋找自我價值。

《惡女》的原著漫畫在一九八八年連載，並曾在九〇年代翻拍成由石田光主演的日劇。沒想到時隔三十年，這部作品再度重拍，透過新生代人氣女星今田美櫻的視角，讓觀眾能更進一步在劇中洞察當今日本職場文化中仍然存在的問題。此外，劇組特地找來當年的女主角石田光參與飾演人事部主管一角，影迷們可目睹兩代田中麻理鈴在劇中的精彩對手戲，充滿趣味性及世代交替的感動！

田中麻理鈴（今田美櫻　飾）是一位樂觀開朗的社會新鮮人。她畢業於三流大學並憑著一點運氣進入了一家大企業。然而，她馬上就被分派到公司最底層的備品管理部，這也意味著她的升遷機會非常渺小。儘管她經常給周圍的人帶來麻煩，但她不輕易放棄，無論遇到什麼困難都堅持不懈。因此，神秘的前輩峰岸雪（江口德子　飾）決定指導她、教她如何升遷。如果想爬到頂端，除了最基本的努力態度，還需要熟悉遊戲的生存規則，甚至需要運用智慧耍一點小心機當個「惡女」！？

在每一集中，田中麻理鈴都被調派到不同部門，包括備品管理、人事、市場調查、營業等等，幾乎能了解整個日本職場文化的輪廓。其中不斷在探討的問題就是由性別歧視衍生出的管理職比例失衡。有一部分原因是因為不少女性在生產後，發現難以兼顧家庭與事業而選擇離職，令人諷刺的是，鮮少聽到有男性職員因為相同原因而離職的例子。在第八集中，一位經歷了產後復職的女前輩，雖然內心仍喜愛企劃開發部的工作，卻因為不想被同事們認為總是得以小孩為優先而無法充分履行職責，自願調派到備品管理部。她坦承自己雖然很愛孩子，但也很怕自己今後的人生就只能侷限在「當一名媽媽」的角色。這時，峰岸淡淡說出了她的心聲：「除了母親這個角色以外，妳還想要有自己的身份吧。」

今年五月初的某天我一如往常地打開電視收看晨間新聞時，看到一則相當令人振奮的消息：備受時尚圈關注的「WORKMAN GIRL」平價戶外服飾品牌將聘用日籍女性Youtuber擔任外部董事（社外取締役）。這項決定在日本商界裡可謂史無前例，因此吸引各家媒體新聞都相繼報導，開始熱議起這位女性Youtuber究竟是何方神聖。

這位叫作理沙的Youtuber是兩個小孩的母親，平時熱愛露營活動。在五、六年前露營風潮尚未興起之前，她發現大部分露營部落格都是從男性角度撰寫，由於感覺到這些內容用了艱深難懂的專業術語與她所需要的資訊不符，她決定嘗試撰寫特別針對女性與初學者的露營戶外活動資訊的部落格。一年之後，以驚人的速度成為每月瀏覽人次破百萬的超人氣部落客。

因緣際會下，她開始注意到「WORKMAN」這個主要販售工作服與各項職種制服的品牌（後來逐漸轉型販售機能服飾）。隨後，她常常在社群平台向粉絲介紹其服飾的魅力。她的影響力也讓「WORKMAN」注意到她的存在，並且正式任命她為該品牌的首位推廣大使。同公司新的旗下品牌「WORKMAN GIRL」成立背後理沙小姐也功不可沒，公司內部也積極採用她在商品上從材質、顏色甚至是名稱與目標客群方面提供的寶貴建議。原本一年只賣出三千件的防火阻燃外套，甚至成為一年賣出四十萬件的暢銷商品。

理沙小姐的野心並沒有就此停住，她善於運用自己過去在職場上的經驗與能力，準備了完整的提案書並連同履歷直接提交給「WORKMAN」的高層人員審閱。毛遂自薦時，不忘強調至今為止替品牌做出令人不可否認的出色成績，也提到若聘用女性為外部董事，將為公司整體社會形象加分，還能提升市場價值。事實上，根據日本厚生勞動省在二〇二一年發表的一項調查結果顯示，有女性管理職（課長階層以上）的公司，在全日本約佔百分之五十三，然而相較於在這些公司中的男性課長級，這些管理階層的女性幾乎只佔了百分之十的失衡比例。

也許不是每個人都想升官，畢竟管理職就代表必須扛著至今為止別人替你扛下的責任，還得不時扮演黑臉的角色，被夾在上層主管與部下之間為難。身為公司目前唯一一名女性管理職位的我，或許今後為了追求成就需要面臨接踵而來的困難與挑戰，然而每當我看到那些願意在職場上打破迂腐陳舊風氣的女性在自己的舞台上閃閃發亮的姿態，就會獲得滿滿的勇氣。

日本文化盒

一般日本學校是在三月畢業、四月開學。大學生通常會在大三就開始準備漫長的「就職活動」，一旦通過最終面試拿到內定錄取後，就能在隔年成為應屆畢業生時稍微喘口氣，等待四月櫻花盛開之際，穿著尚未習慣的套裝到公司報到上班。

33

你覺得工作不快樂是因為沒有想要從中獲得快樂吧！不僅是工作，人生也好，什麼也好，當你開始覺得無聊的那一刻就變得無聊了，能不能樂在其中，都取決於個人心態吧。

楽しめてないのは、楽しもうとしてないからでしょ？仕事に限らず人生だって何だってつまんないって思った時点でもうつまんなくなっちゃうよ。楽しめるかどうかってその人の気持ち次第なんじゃないの？

《校對女王》
（校閲ガール）

由石原聰美主演的《校對女王》是以出版社裡最不需要露面的「校對」部門作為主題的職業劇。這類題材在當年雖然相當冷門，卻也因此吸引觀眾更想了解劇組會如何將看似無趣的劇情拍成生動又激勵人心的內容，並且也讓出版社中真實存在卻不起眼，但又不可或缺的部門有了被看到的機會。

劇中主角河野悅子（石原聰美　飾）勵志踏入出版業界成為一名光鮮亮麗的時尚雜誌編輯，然而在通過重重關卡，好不容易如願以償獲得工作機會後，沒想到自己被分派到的部門竟然是跟時尚完全沾不上邊的校對部門。原因只因本名河野悅子（こうのう　えつこ）與日文「校閱」的發音有異曲同工之妙，純粹以印象被作為判斷標準。

儘管悅子對公司的人事分派結果感到不平，但仍然想努力做好每一份被交代的工作，甚至展現驚人的毅力與熱情，試圖突破周圍的人對「校對」一職的認知。時而跨越工作範疇，時而為了考察事實而追根究底的她，雖然對同事與合作的作家來說是個令人頭疼的麻煩人物，但同時也帶起了使大家更想投入眼前工作的新風氣。

在第五集中，悅子收到一直以來憧憬的造型師的散文原稿確認。她並沒有因為過於興奮就忘了本份，甚至比平常更有幹勁地卯起來調查書中內容是否符合事實，還提供森尾（本田翼　飾）一些在拍攝現場參與該造型師的時尚雜誌專訪企劃的建議。然而森尾被造型師當場駁斥一番後大受打擊，說了「自己並不是因為喜歡才選擇這份工作」、「這世上很少有人能真正在工作上做喜歡的事情」等喪氣話。此時悅子回答：「你不能享受工作是因為你從來就沒打算享受吧。不僅是工作也好，人生也好，什麼也好，當你開始覺得無聊的那一刻就變得無聊了。能不能樂在其中，都取決於個人心態。」雖然森尾聽完這句話後氣得馬上離開悅子家，但的確也有了宛如當頭棒喝的作用。

不知道大家搭乘新幹線旅遊日本各地時，有沒有注意過在新幹線進站後，有一組帽簷上插著花朵的人馬排排站在月台一副蓄勢待發的景象呢？他們是負責清掃新幹線車廂，平均年齡五十二歲的清掃員工。從進站到出發的十二分鐘之間，再扣掉等待乘客全數下車僅剩下的七分鐘內，不但要清理所有垃圾與污漬，還要更新椅背墊等等，讓每一節有百人座位的車廂看起來就像當天的首發車，彷彿沒人使用過一樣。而且所有整理過程都在等待上車的乘客們面前進行，其效率與敬業態度多次被國內外媒體報導，就連迪士尼的營運公司都曾來觀摩過，因此被譽為「奇蹟的職場」。

我曾在網路上看過一篇相關報導，有一位年過六十才開始擔任新幹線清掃工作的主婦，雖然她並不討厭打掃，但是因為家人認為清掃並非是個能搬上檯面的職業，讓她相當沒自信，也不想被親朋好友發現自己的工作內容。然而實際上班一陣子後，她發現前輩們在完成份內清掃範圍後也會幫忙其他同事，若在月台遇到看似需要幫忙的旅客也會主動上前詢問。有一次他們看到一位婆婆提不動行李箱便立刻協助，沒想到換來婆婆不停地道謝，上車後仍透過車窗不斷鞠躬揮手。有了幾次類似的事情發生後，主婦漸漸喜歡上自己的工作。

直到有一天，她正結束清掃準備離開月台時，看到有乘客在車廂內與她對眼相望，而那個人正是自己先生的親妹妹。原本擔心會被冷眼對待，沒想到過了一週，接到小姑來電表示很佩服她正在做如此有意義的工作，由衷替她感到驕傲。

後來這位主婦在隔年升遷正職員工的面試中向面試官坦然地說：「當初進來這家公司之前，我捨去了自尊，但是在進來之後，我擁有了新的自尊。」

或許不是每個職業給人的印象都能非常耀眼，但是如果連自己都輕視能力與職務內容，那還有誰會對自己的存在感到感謝與刮目相看呢？最重要的是無論在做什麼工作、不管有沒有人正看著自己、有沒有得到認可表揚，都願意全力以赴。

日本文化盒

日本的出版界中，校對被視為一項需要豐富知識及語彙能力的專業技術。雖然因為預算等問題，並非每家出版社都有獨立設立「校閱部門」，但校對原稿的工作與流程確實存在，並且為該書責任編輯的職務。

2AF366

歡迎加入一人日劇社

那些走進你我人生的33句扎心台詞

作　　者　Miho
責任編輯　林亞萱
版面設計　張哲榮
封面設計　Johnnp

行銷主任　辛政遠
行銷專員　楊惠潔
總 編 輯　姚蜀芸
副 社 長　黃錫鉉

總 經 理　吳濱伶
發 行 人　何飛鵬
出　　版　創意市集
發　　行　城邦文化事業股份有限公司
歡迎光臨城邦讀書花園
網址：www.cite.com.tw

香港發行所
城邦（香港）出版集團有限公司
香港灣仔駱克道193號東超商業中心1樓
電話：（852）25086231
傳真：（852）25789337
E-mail：hkcite@biznetvigator.com

馬新發行所
城邦（馬新）出版集團 Cite (M) Sdn Bhd
41, Jalan Radin Anum,
Bandar Baru Sri Petaling,
57000 Kuala Lumpur, Malaysia.
Tel：(603) 90563833
Fax：(603) 90576622
Email：services@cite.my

I S B N　978-626-7336-20-5
2023 年 8 月初版
Printed in Taiwan.
定　　價　新台幣 380 元
製版印刷　凱林彩印股份有限公司

若書籍外觀有破損、缺頁、裝釘錯誤等不完整現象，想要換書、退書，或您有大量購書的需求服務，都請與客服中心聯繫。

客戶服務中心
地址：10483 台北市中山區民生東路二段141號B1
服務電話：（02）2500-7718
（02）2500-7719
服務時間：周一至周五9：30 ～ 18：00
24 小時傳真專線：（02）2500-1990 ～ 3
E-mail：service@readingclub.com.tw

※ 詢問書籍問題前，請註明您所購買的書名及書號，以及在哪一頁有問題，以便我們能加快處理速度為您服務。
※ 我們的回答範圍，恕僅限書籍本身問題及內容撰寫不清楚的地方，關於軟體、硬體本身的問題及衍生的操作狀況，請向原廠商洽詢處理。
廠商合作、作者投稿、讀者意見回饋，請至：
FB 粉絲團：http://www.facebook.com /innoFair
E-mail 信箱：ifbook@hmg.com.tw

國家圖書館出版品預行編目（CIP）資料

歡迎加入一人日劇社：那些走進你我人生的33句扎心台詞 / Miho著.
-- 初版 -- 臺北市：創意市集：
城邦文化事業股份有限公司發行，民112.08
面；　公分
ISBN 978-626-7336-20-5（平裝）

1.CST: 文化 2.CST: 社會生活
3.CST: 東洋戲劇 4.CST: 日本

731.3　　112011435